Bis vor kurzem hatten wir selbst im wahrsten Sinne des Wortes keinen Plan von Cornwall im Südwesten Englands. Das änderte sich schlagartig als wir die Grafschaft zum ersten Mal betraten. Ganz ehrlich, erwartet haben wir uns gar nicht so viel, doch dann hat es uns fast weggeblasen (ebenfalls wortwörtlich zu verstehen!) und wir trauten unseren Augen kaum: Dort, über dem Ärmelkanal, gab es einen Ort, vollgepackt mit jungen Menschen, feschen Surfgrüppchen, tollen Geschäften und Restaurants, deren Angebot unsere Geschmacksknospen und Bäuche zum Explodieren brachte. Irgendwann zu diesem Zeitpunkt war auch die Geburtsstunde von „Eat Surf Live", denn an so etwas muss man die Welt doch teilhaben lassen!

Von vornherein war klar, dass wir uns von klassischen Reiseführern distanzieren würden. Vielmehr sind wir darauf aus, hinter die Kulissen zu blicken und zu zeigen, wie es in Cornwall wirklich zugeht. In Interviews und Geschichten fanden wir heraus: Wer sind die Menschen dort? Was bewegt die Kornen? Was essen, trin-

ken, naschen sie? Was kann man dort alles machen und erleben? Und vor allem: Was empfehlen die Einheimischen den unerfahrenen Besuchern? Wir schauen genau hin auf den jungen Lifestyle, der dort hinter jeder Ecke lauert, lernen aber auch althergebrachte Rezepte kennen. Wir sind verzaubert von dieser Gegend. Lasst euch diesen Ort nicht entgehen!

In „Eat Surf Live: Das Cornwall Reisebuch" geht es ums Genießen: Viele Rezepte und Restaurantvorstellungen sowie Aberwitziges aus der englischen Küche. Es geht um Sport: Wellenreiten, Wandern am South West Coast Path, Coasteering, Klettern und mehr. Und vor allem geht es uns um die Menschen dort.
Viel Spaß also bei dieser Entdeckungsreise in ein Land unserer Zeit und viel Spaß mit

wünschen
Vera Bachernegg &
Katharina Maria Zimmermann

INHALTSVERZEICHNIS

DIE PENWITH HALBINSEL

ST. IVES

DER NORDEN

ALLGEMEINES

Cornwall-ABC

WENN DU BIS JETZT NOCH KEINE SÜDENGLAND-REISE GEMACHT
HAST, KANNST DU DIR HIER KURZ UND SCHMERZLOS EINEN ÜBERBLICK
VERSCHAFFEN. EIN BISSCHEN VOKABELN LERNEN UND BEGRIFFE
RATEN. AUSSERDEM WIRST DU SCHNELL HERAUSFINDEN, WIE ES BEI
DEN BRITEN IM WILDEN SÜDWESTEN ZUGEHT.

A wie Artus, König Artus. Viele Mythen und Legenden beherrschen die Diskussion um König Artus und seine Ritter der Tafelrunde. So ist auch sein Geburtsort eigentlich unbekannt. Eine Legende besagt allerdings, dass er im Tintagel Castle in Cornwall das Licht der Welt erblickte. Heute kann man nicht nur die Überreste des Schlosses besichtigen, sondern angeblich auch die nahegelegene Höhle von Zauberer Merlin.

B wie Breakfast. Wer des „Full English Breakfasts" leid ist, dem sei gesagt, dass man vielerorts schon Alternativen wie hausgemachte Marmeladen, Müslivariationen, Vollkorntoasts und viel Obst vorfindet. Außerdem – wenn man Insidern Glauben schenkt – darf man Cornwall nicht verlassen, bevor man „smoked haddock" (geräucherten Schellfisch) oder „kippers" (Bücklinge bzw. Heringe) zum Frühstück probiert hat.

haltenden Shopping-Wahn auslösen können. Die Idee ist, draußen zu sein (vielleicht auch einmal bei Regen) und Land sowie Leute zu erleben.

E   wie Eisenbahn. Eine gute und entspannte Variante um nach Cornwall anzureisen. Von London gehen regelmäßig Züge nach Südengland zu Stationen wie Falmouth, Penzance, Newquay oder St. Ives. Insgesamt gibt es 36 Bahnhöfe in Cornwall, die man anfahren kann. Vorteil: Man wird nicht gleich in London auf den Linksverkehr losgelassen.

C   wie Cider. Eine Cornwall-Reise ohne Cider ist wie ein Ausflug in die Südsteiermark ohne Wein – also fast unmöglich. Cider ist ein Apfelwein, der in verschiedenen Geschmacksrichtungen und in jedem Pub zu haben ist. Es gibt viele lokale Produzenten, die bereits besonderen Wert auf biologischen Apfelanbau legen. Ausprobieren! Wer schon vorher üben möchte: Auch die hiesigen Pubs führen Cider – oft auch aus dem Zapfhahn.

D   wie Dorf-Hopping. Urban ist Cornwall nicht. Die größte Stadt ist St. Austell mit ungefähr 30.000 Einwohnern. Aber genau das ist auch der Charme Cornwalls: Enge Straßen, die keine gestressten Autofahrer zulassen und eine begrenzte Anzahl von tollen Geschäften, die keinen tagelang an-

F   wie „Fistral Beach". Dieser Strand und seine Wellen sind landein- und auswärts bei Surfern bekannt. Dementsprechend werden auch Surf-Contests hier ausgetragen. Ergo ist es hier etwas überlaufen und nur denen zu raten, die Gewimmel im Wasser mögen. Cornwall hat viele andere Spots zu bieten, an denen es ruhiger zugeht. Man nehme zum Beispiel „Kennack Sands".

G   wie Gauner und Piraten. Vor allem Letztere waren in Corwall lange Zeit aktiv. Der Ort Polperro war eine Hochburg für Schmuggler. Bekannt wurde auch das „Jamaica Inn" als DER Schmuggler-Treff in der Nähe vom Bodmin Moor. Heute dürften die einzig verbliebenen Piraten die Spieler der Rugby-Mannschaft „Cornish Pirates" sein…

J wie Jugendherbergen. Neben dem weitverbreiteten Camping ist auch die Übernachtung im „Youth Hostel" eine preiswerte Alternative zu den Hotels der Gegend. Schnell einfallen würden uns da das „Boscastle Youth Hostel" für Coast Path Wanderer, das „Youth Hostel Coverack" mit tollem Meerblick oder das „Perranporth Youth Hostel" – ideal für die Surfwütigen unter uns.

H wie „Huschi". Das kann es einem oft werden beim Surfen oder Schwimmen in Cornwall, da das Wasser ja nicht für seine übermäßig hohen Temperaturen bekannt ist. Wen das nicht abschreckt, der ist vielleicht bald großer Fan vom sogenannten „Christmas Day Swim"!

I wie „Isles of Scilly". All jene, die eine wunderbare Landschaft und herrliche Strände in Ruhe auf sich wirken lassen wollen, sind 45 km südwestlich von „Land's End" am rechten Fleck. Fast subtropisches Klima, Palmen und viele Sonnentage lassen einem das Wasser im Mund zusammenlaufen. Es gibt einige Flug- und Fährverbindungen, um die mehrköpfige Inselfamilie vom Festland aus zu erreichen.

K wie Kernowek. Die alte keltische Sprache war bereits ausgestorben, erlebt nun aber ihre Renaissance. Wer sich also über die Ortsnamen wundert: Die Kelten haben es uns eingebrockt!

L wie „Lost Gardens of Heligan". Im Land der Rosamunde Pilcher kommt man nicht ganz daran vorbei, eines der alten Herrenhäuser mit gepflegtem Gartenareal zu besichtigen – Die „Lost Gardens of Heligan" wären da eine Option, eine andere ist der bekannte „Trebah Garden". Diese Anlagen sind genauso repräsentativ für das County wie der „Fistral Beach" oder der „South West Coast Path". Darum wird Cornwall schlicht und einfach auch „The Garden Capital of the World" genannt.

M wie „Meur ras" (sprich: „Mörras"). Heißt „Thank you", also „Danke", auf Kornisch. Wenn man damit kommt, kann man bei den Einheimischen nur punkten.

N steht für die kornische Stadt Newquay. In ganz England ist sie als absolutes Surfmekka bekannt. Wahrscheinlich wird sie wegen ihrer jungen Ausstrahlung auch oft als Ziel von Polterrunden missbraucht. So reiht sich von Frühling bis Spätsommer jedes Wochenende eine grölende Runde an die nächste. Ausleben pur! Wer so etwas (Party!) sucht, sollte unbedingt hierher kommen. Alle Kornen die nicht in Newquay wohnen, haben allerdings meist

nicht die positivste Meinung über die Surfmetropole. Wir sagen: Am besten versucht man, selbst einen Eindruck zu gewinnen. Strände wie „Fistral" oder „Lusty Glaze Beach" sind toll, in der „Chy Bar" lässt es sich gut mit den „Locals" abhängen und die Surfshops haben coole Kleidung anzubieten.

O wie „Cornish Orchards". Was ein Etikettenwechsel alles bewirken kann, sieht man bei „Cornish Orchards". Sie haben zwar immer schon guten Apfelsaft und ausgezeichneten Cider nahe Looe gemacht, allerdings fallen sie dem Besucher erst seit dem Redesign in jedem angesagten Restaurant und Café als fixer Bestandteil des Angebots auf. Unser Tipp ist eindeutig der „Blush" Himbeer Cider, den man sich am günstigsten beim Ab-Hof-Verkauf holt.

P wie Porth-... . Porthminster, Porthmeor, Porthchapel, Porth Beach. Diese Liste an Namen, die mit „Porth" beginnen und einen wunderschönen Strand bezeichnen, könnte man beinahe ewig fortsetzen. Für den Cornwall-Besucher gilt: Wenn ein Strand mit „Porth" beginnt, dann kann er was.

Q wie „quirky". Eigentümlich, strange, komisch – ja, das sind sie, die Kornen. Finden wir das witzig und charmant? Ja! Sie glauben an Geister und Elfen, sind quasi mit ihrem Hund verheiratet und gehen selbst im Februar surfen. Das zeugt von Charakter.

R wie Rätseljagd. Überall in Cornwall gibt es die „Treasure Trails". Das sind kleine Mäppchen, die prall gefüllt mit Rätseln darauf warten, von Urlaubern auf ein Abenteuer mitgenommen zu werden. Einerseits führen sie einen in kleine Örtchen und versteckte Winkel, die man ohne „Treasure Trails" garantiert nie erkundet hätte, andererseits haben sie überall kleine Rätsel versteckt, die es zu lösen gilt. Echt eine Gaudi!

S wie Schilder. Lieb sind sie, die Schilder. Auf denen die Kornen die Namen ihrer Häuser schreiben. Manchmal verziert, manchmal ganz schlicht, geben sie den Behausungen und Cottages einen Namen. Ihr tückischer Charakter wird allerdings erst enthüllt, wenn man mit dem „Navi" (aka „Satnav") unterwegs ist, denn dann bemerkt man, dass in Cornwall die wenigsten Straßen nummeriert sind. Dieses kleine, aber pikante Detail macht die Suche nach der Unterkunft, dem guten Café, dem klassen Restaurant umso spannender.

T wie Tre-. „By Tre, Pol and Pen shall ye know all Cornishmen", sagte Richard Carew bereits 1602. Stimmen tut es bis heute. Diese Vorsilben begegnen einem in Namen jeglicher Art. Kein Wunder, stehen sie doch für Siedlung (Tre), Teich (Pol) oder Hügel (Pen).

U wie „Urlaub Cornwall". So nennt sich die größte deutschsprachige Plattform, was Reisen durch Cornwall anbelangt.

V wie Veryan. Dieser Ort liegt nicht einmal am Meer und trotzdem (oder gerade deswegen?) ist er bezaubernd. Im Herzen der „Roseland Halbinsel" kommt man in dieses Kleinod. Hier scheint die Zeit stehen geblieben zu sein. Ein „Must-See" für Romantiker.

W wie Wasser. Die Kornen bauen nahe am Wasser. Sie können ja auch fast nicht anders. Man braucht nicht lange zu fahren und schon ist man wieder an der

Eigentlich ist es nur der Name Gray (der grauen Eminenz und seines Zeichens Erfinder des „Yarg"), allerdings verkehrt herum. Der „Yarg" ist ein in Brennnesseln eingepackter, weißer Käse, der im Großen und Ganzen etwas nach Knoblauch schmeckt. Er ist aber durchaus empfehlenswert und in jedem gut sortierten Deli erhältlich.

nächsten klippenreichen Küste angekommen. Böse Zungen behaupten: Cornwall sei ein Rahmen ohne Bild. Wir sagen: Auch im Landesinneren gibt es Schönes, doch sind es für einen Mitteleuropäer sicherlich die Küsten, die ihn wie magisch anziehen.

X wie „X-ing" (Crossing). So richtig gibt's hier keine Kreuzungen. Entweder man befindet sich auf unheimlich schmalen Straßen oder – sollte man in der kornischen Einöde doch einmal auf irgendeine Querstraße treffen – es wurde eigens ein Kreisverkehr erbaut. Merke: Engländer lieben Kreisverkehre. Wir auch!

Y wie „Cornish Yarg". „Yarg" klingt ein bisschen so, als hätte man etwas bereits Gegessenes wieder von sich gegeben.

Z wie äußerster Zipfel. Das ist Cornwall wahrhaftig: Sowohl der westlichste als auch der südlichste Punkt der britischen Insel liegt in Cornwall. Dabei sind „Land's End" und „Lizard Point" gar nicht so weit voneinander entfernt. Wer sich an einen dieser begeben will, sollte nach Lizard gehen. Irgendwie wirkt alles echter und authentischer als im künstlichen Vergnügungpark, der rund um „Land's End" gebaut wurde. Die vernünftigste Option rund um „Land's End" ist sicherlich ein Spaziergang oder eine kleine Wanderung am „South West Coast Path", der rund um die Küsten Cornwalls führt.

VON RAME ZUM Eden Project

Getting started! Die unberührte Rame-Halbinsel, das fischverliebte Looe, das segelverrückte Fowey, das Piraten- und Schmugglernest Polperro & das weithin bekannte Eden-Project – zusammen mit vielen anderen sind dies die Stationen dieses Kapitels. Ein guter erster Cornwall-Stopp nach der Ankunft in London.

PIGSHILL
WOOD

CLARRICK
WOODS

Maker

ENGLISH
CHANNEL

Kingsand

P

Cawsand

P

Rame

PENLEE

P

RAME
PENINSULA

RUND UM RAME HEAD

**WER EIN BISSERL „SOUTH WEST COAST PATH", EIN BISSERL
ALTE KIRCHEN UND FRIEDHOF MIT MEERBLICK MÖCHTE,
DER KANN SICH AUF DER „VERGESSENEN HALBINSEL" RAME
EINMAL RUND UM IHRE SPITZE NASE BEWEGEN.**

Warum sollte man an diesem wunderschönen Ort keine Kirche bauen? Das war die erste Frage, die wir uns gestellt haben, als Rame Head, der letzte Zipfel der Rame Peninsula, vor uns auftauchte. Als wir dann bei der steinalten (!) St. Michael's Chapel schnaufend ankamen, hatte sich die Frage verändert: Warum – zum Teufel – baut man HIER eine Kirche? Welcher Mensch, der sich gerade nicht auf eine Wanderung eingestellt hat, besucht jemals diese Stätte? Da der Weg uns aber auch zur etwas neueren „Rame Church" führte, wussten wir, dass wir scheinbar nicht die Einzigen und keinesfalls die Ersten waren, die diesen Gedanken hatten. Um diese Kirche liegt übrigens ein echt kornischer Friedhof mit Meerblick und Ankern auf den Grabsteinen.

„Rame Church" ist außerdem ein sehr beliebter Ort, um zu heiraten, denn die Kirche selbst ist noch nicht ans Stromnetz angeschlossen, setzt also auf Kerzenlicht, was ja bekanntlich als besonders romantisch verschrien ist.

AS A STARTER

Dieser Weg rund um Rame, der einen von Kingsand wieder nach Kingsand führt, kann auf zwei Seiten als ein „Starter" gesehen werden. Einerseits eignet sich Rame bestens, um einen Cornwall-Urlaub zu beginnen, andererseits ist diese etwa 1,5 bis 3-stündige Tour (je nach Tempo) ein perfekter Einstieg in das Wanderparadies Cornwall mit dem knapp 1000 Kilometer langen „South West Coast Path" und den zahlreichen Wanderwegen („Saint's Way") dazwischen.

Bei dieser Wanderung werden einfach alle Bedürfnisse eines kornischen Wanderers gedeckt: Blick aufs Meer, bewachsene Wege und wilde Pferde. Außerdem genießt man am Rame Head eine Aussicht, die einfach der Hammer ist. Man sieht bis zur Lizard Halbinsel im Westen und im Osten glitzert das große Plymouth in der Ferne.

COAST PATH
Public Footpath
Cawsand 3 m

20

PERFECT CLICK: RAME HEAD

Am äußersten Punkt der Rame Halbinsel kann man, wie in unserer Wanderung erwähnt, zum Rame Head gehen. Auf dem Weg dorthin, gleich nach dem Parkplatz (sofern man nicht die komplette Wanderung von Kingsand macht, kann man auch relativ nah am Rame Head parken) kommt man in ein Gebiet mit wilden, echt typisch kornischen Ponys. Diese in Kombination mit dem tiefblauen Meer eignen sich zu fotografischen Experimenten. Wer ein Teleobjektiv im Gepäck hat, kann vom Rame Head aus supertolle Aufnahmen von der Lizard Halbinsel und den umliegenden Klippen machen.

KING-/CAWSAND: DIE STADT MIT DEM „TWOFACE"

KINGSAND, CAWSAND – IST DAS NICHT EINFACH ALLES DAS GLEICHE?
OBWOHL WIR DAS NOCH NICHT MIT HUNDERTPROZENTIGER SICHERHEIT
BEANTWORTET HABEN, KÖNNEN WIR SAGEN, DASS DIE RAME
PENINSULA AUF KEINEN FALL EINES IST, NÄMLICH „LAME".
SOMIT WIRD IHR UND IHREN ZWEI PERLEN KING-/CAWSAND DER
RUF DER VERGESSENEN HALBINSEL ÜBERHAUPT NICHT GERECHT.

Dass Kingsand und Cawsand ein stiefmütterliches Dasein fristen, liegt vielleicht daran, dass viele Besucher gleich nach Plymouth fahren, von der „Großstadt" angezogen, wie von einem Magneten, und dabei ganz vergessen, wie lieblich, einfach und maritim-urig es in diesen zwei Städtchen zugeht. Zwei Orte (die Grenze befindet sich in einem Haus!), die praktisch eins sind, allerdings in ständiger Konkurrenz miteinander leben.

„Wir haben eine schöne Geschichte hinter unserem Namen – Kingsand beheimatete die Steuereintreiber des Königs, darum der Name. Die aus Cawsand haben sich auch irgendwelche für die Touristen erfundenen Geschichten zurecht gelegt, warum sie so heißen", sagt Bruce, der – logischerweise – in Kingsand geboren wurde. Von den meisten Unterkünften aus – wie dem „Westcroft Guesthouse" – (dort sogar vom Klo aus!) hat

man Meerblick. Es ist schon eine Wonne, mit dem Rauschen der Wellen einzuschlafen.

Ansonsten ist Kingsand ein traditioneller Ort mit „Christmas Swim", engsten Straßen, einigen Pubs und Restaurants, vielen Fischern und Einheimischen, die sich garantiert alle untereinander kennen. (Cawsand ebenso – aber da würden uns die Kingsander niemals Recht geben!). Wer hier Strand möchte, kann sich an den beiden direkt im Ort (einer in Kingsand, einer in Cawsand – wer hätte das gedacht?) bedienen oder ein paar Minuten zur Whitsand Bay fahren. Jetzt kommt übrigens noch die Auflösung zur gespaltenen Persönlichkeit der Orte: Bis zum Jahr 1844 lagen sie tatsächlich in zwei verschiedenen Counties. Cawsand war in Cornwall, Kingsand in Devon.

ZUM SICH VERGESSEN GUT!

JA – WIR KENNEN DIE GESCHICHTE VON DER VER-
GESSENEN HALBINSEL RAME. UND WIR MÜSSEN
SAGEN: WER DIE VERGISST, IS(S)T WIRKLICH SELBER
SCHULD. DENN ESSEN KANN MAN HIER ECHT GUT.
DIE TOP 3 HIER MAL AUF EINEN BLICK:

THE OLD BOATSTORE CAFÉ

Dort, wo sich Hund und Mensch auf der Promenade zu einem Kaffee treffen, liegt das „Old Boatstore". (Oder treffen sie sich dort wegen dem Café? Das ist eine typische Henne-oder-Ei-Frage.) Drinnen gibt's Tee und Kaffee, den man durchaus auch auf die Bänke am Wasser mitnehmen kann. Da werden dann Pläne für den Tag geschmiedet und gemeinsam das schöne Wetter gelobt (sollte es diesem Attribut entsprechen – ansonsten schweigt man eine Runde oder erzählt vom letzten schönen Tag!). Drinnen kann man dann traditionelles Frühstück im Baukasten-System bestellen (pro „Zutat" wie Baked Beans oder Toast jeweils 50 Pence). Es gibt aber auch amerikanische Pancakes oder ein paar Lunchvariationen.

THE CLEAVE, KINGSAND, PL10 1NF
TEL. 01752 829011

THE DEVONPORT INN

Dawn & Jerome Leopold betreiben hier „Everybody's Darling" in Kingsand. Direkt an der Promenade wird es schon frühmorgens, wenn der Chefkoch mit seinem Hund spazieren geht, von der Sonne geküsst. Danach dringen aus der Küche Düfte von frisch gebackenem Brot, köstlichem Seafood oder französischen Klassikern. Die ersten Gäste kommen dann zu Mittag, wenn die große Schiefertafel ihnen verrät, was der Lunch (6-10 Pfund) heute so kann. Für alle, die sich mittags oder abends im Meerblick verlieren möchten, gibt es schlechte Nachrichten: Die guten Tische kann man beim besten Willen nicht buchen. Hier ist Glück gefragt. Abends ist die Bude dann rappelvoll, doch selbst, wenn man keinen Tisch ergattert, empfiehlt es sich, an der Theke zu warten und genüsslich mal das eine oder andere „Pimm's" beziehungsweise Ale zu zischen. Es zahlt sich wirklich aus! Die „Starter" reichen von Bomben (warmer Camembert) über Traditionelles (Hühnerleber mit Speck) bis zu frischen Meeresgoodies (Smoked Salmon). Doch erst die Hauptspeise krönt den Besuch im „Devonport Inn": Steak, Jakobsmuscheln oder Risotto mit Trüffeln für die „Veggies".

THE CLEAVE, KINGSAND, PL10 1NF
TEL. 01752 822869
WWW.DEVONPORTINN.COM

THE VIEW RESTAURANT

Gleich am Anfang sei gesagt: Chef Matt ist ein waschechter Surfer und wenn der Surf an der Whitsand Bay gut aussieht, kann es durchaus passieren, dass er sein Restaurant schließt, das Surfbrett packt und sich mal für ein paar Stunden verabschiedet. Das spiegelt nicht nur die Surfkultur, sondern die gesamte Atmosphäre auf der Rame Peninsula wider. Ansonsten – wenn Matt mal arbeitet – ist der Name Programm. Von hier aus hat man tatsächlich einen fantastischen Blick auf die Bay und das ewige Meer. Da schmeckt das originelle Seafood gleich noch besser. Bei den Einheimischen ist dieser verglaste Laden übrigens beinahe ebenso beliebt wie das „Devonport Inn". Allerdings muss man etwas weiter hinfahren und dann besteht natürlich immer noch die Möglichkeit, dass Matt den Kochlöffel gerade wieder einmal gegen das Surfbrett getauscht hat.

TRENINNOW CLIFF ROAD,
TORPOINT, PL 10 1JY
TEL. 01752 822345

delicious!

WESTCROFT GUESTHOUSE

WOHNEN & LEBEN IN CORNWALL'S „FORGOTTEN CORNER"

MARKET STREET, KINGSAND, PL10 1NE
TEL. 01752 823216
WWW.WESTCROFTGUESTHOUSE.CO.UK

**EINGEBETTET SEIN MITTEN
IM TREIBEN EINES KLEINEN
KORNISCHEN DORFES:
DAS KANN MAN BEI SARAH
UND DYLAN IN IHREM
„WESTCROFT GUESTHOUSE" IN
KINGSAND HABEN**

Sarah & Dylan McLees-Taylor

Westcroft ist nicht nur Guesthouse, es ist auch Gallery. Und das macht Westcroft zu einem zentralen Punkt im Geschehen Kingsands. Sarah und Dylan legen viel Wert darauf, lokalen Künstlern einen Platz zu bieten, an dem sie ihre Kunstwerke ausstellen können. Daher herrscht im Courtyard auch stets reges Treiben: Hier ein neugieriger Besucher, der die Nase in die Gallery steckt oder da Freunde, die kurz „Hallo" sagen wollen.

Westcroft bietet zwei Unterkunftsarten an: Zum einen die durchdesignten Räume im Guesthouse und zum anderen das urige Shell Cottage – Kamin inklusive. Zum dritten wohnen auch immer wieder Künstler aus Cornwall in der Wohnung über der Gallery, um sich von Kingsand inspirieren zu lassen. Im Guesthouse ist jeder Raum anders. Speziell ist, dass Sarah und Dylan keine Räume online buchen lassen, sondern das Gespräch am Telefon suchen, um das perfekte Zimmer für ihren Gast zu finden oder um bei Bedarf ein ganzes Stockwerk anzubieten (bei Familien zum Beispiel). Die Kunst darf auch hier nicht fehlen: Alle Kunstwerke, die in den Zimmern hängen, stehen zum Verkauf.

FRÜHSTÜCKEN & ENTSCHLEUNIGEN NICHT VERGESSEN

Als guter Start in den Tag gibt's Joghurt und Erdbeeren. Dann stehen Müsli, Croissants, frisches Obst und Marmeladen bereit. Der nächste Gang: Eier, Speck, Champignons und gegrillte Cocktailtomaten an der Rispe – „a beautiful English way to make breakfast". Besonders charmant: Der Platz vor dem Westcroft ist ein bisschen das Zentrum vom kleinen Dörfchen Kingsand. Als wir dort am dritten Tag unsere erste Tasse Tee auf der Bank mit Meerblick einnahmen und uns umzingelt von Einheimischen von der Sonne anblinzeln ließen, strahlte Sarah uns entgegen: „Just like the locals!"

PAUL, THE POTTER

PAUL UND SEINE FRAU KAREN SIND VOR EIN PAAR JAHREN
IN EIN FARMHAUS AUS DEM 18. JAHRHUNDERT GEZOGEN,
VERLIEHEN IHM NEUEN GLANZ UND EINE NEUE FUNKTION:
URLAUBER BEHEIMATEN UND TÖPFERWORKSHOPS ANBIETEN.

Paul & Karen

TORPOINT, CORNWALL, PL10 1LG
TEL. 01752 822 789
WWW.RAMEBARTON.CO.UK

Foto: Vera

Auf Rame Barton ist Karen zuständig für B & B, die Selbstversorger-Wohnungen und den allsommerlichen Tea-Room. Derweil treibt Paul sein „Unwesen" im Studio neben dem alten Bauernhaus. In Pauls Welt des kreativen Schaffens regierten lange Zeit diverse Kreationen (insbesondere Teekannen) für „Disney" und die berühmten Sparschweine für die Bank „Nat West". Heute geht es der berühmte Töpfermeister ruhiger an.

Das Tolle ist: Hier kann man auch selbst kreativ werden und Hand an die Töpferscheibe legen. Also hopp – los zum unterhaltsamen und angenehmen Töpfern mit „Mister Cardew" (Anmeldung jederzeit möglich!).

Paul war früher mal Surfer und meint scherzhaft, dass er damit in dem Moment aufhörte, als er merkte, dass er nie so surfen würde, wie sein Neffe Tom Lowe. Da er dann aber doch nicht ganz loskam vom Element Wasser, hat er kurzerhand die „Christmas-Day-Swims" in Kingsand eingeführt. Ein Event, bei dem sich die Kornen ins winterlich kalte Meer stürzen.

Paul ist übrigens ein vielseitiger Kauz: Er ist sich auch nicht zu schade, eines der Zimmer vorzubereiten, wenn Karen mal vergessen hat, dass die Gäste doch etwas früher kommen. Tjaha … und spontanes, gemeinsames Töpfern ist sowieso kein Thema!

PAULS TIPPS:
„THE DEVONPORT INN",
MITTAGESSEN IM „THE VIEW" ✓
DIE WHITSAND BAY ZUM SURFEN ✓
UND ÜBERHAUPT
DAS PUB „THE ROD & LINE INN"
ZU WEIHNACHTEN ✓
(SPEZIELL WEGEN DER LIVE BANDS)
WWW.THERODANDLINE.COM

Der Bruder des Parkplatz-Sheriffs: Bruce Skinner

ORT DES GESCHEHENS:
F. J. SKINNER & SONS LTD.,
CAR PARK, KINGSAND,
CORNWALL, PL10 1NA

Bruce spürte uns auf, als wir vergessen hatten, unser Licht beim Auto abzustellen. Da schnappten wir ihn uns gleich und sprachen mit ihm über sein Leben.

Bruce betreut zweimal im Jahr den „Car Park" seines Bruders in Kingsand, damit der dann endlich mal auf Urlaub fahren kann. Obwohl er selbst als Ingenieur weit herumgekommen ist (Oman, Nordsee, Syrien und Peru zum Beispiel), ist für ihn das Leben als „Car Park Manager" eine richtige Herausforderung. Denn: Es gibt ja nicht nur jene Autobesitzer, die als Tagesbesucher ein- und ausfahren, sondern es gibt auch solche, die sich dauerhaft eingemietet haben. Und so muss man bei 100 Plätzen einkalkulieren, dass die Dauermieter bis zum Abend ihren Fixplatz wiederhaben – und das, sagt er, sei oftmals gar nicht so einfach. Auf die Frage hin, warum er denn nach seinen vielen Reisen nach Cornwall zurückgekommen sei? Weil „women will draw you further than dynamite will blow you". Was soll man dazu noch sagen … ?

Bruce Skinner – wenn er nicht gerade seinen Bruder als Parkplatz-Wächter vertritt, engagiert er sich im „Citizens Advice Bureau" in Devon, um Menschen in diversen Lebenslagen zu unterstützen.

KNOW-HOW ÜBER GENERATIONEN

BOTELET FARM

WIE SELBSTVERSTÄNDLICH UND
INSPIRIEREND EIN LEBEN IM EINKLANG MIT
DER NATUR SEIN KANN, ERFÄHRT
MAN IN DER NÄHE VON LISKEARD. DENN
DORT BEFINDET SICH VIEL LAND IN DEN
HÄNDEN DER FAMILIE TAMBLYN – UND DAS
SCHON SEIT VIER GENERATIONEN.

BOTELET PL14 4RD
TEL. 01503 220225, STAY@BOTELET.COM
WWW.BOTELET.COM

Auf der Farm arbeitet man mit viel Verständnis für Mensch und Natur – und das schon immer – nicht erst seitdem es „in" geworden ist, grünes Gewissen zu bekunden und auf gesunde Ernährung zu achten. Heute heißt das soviel wie:

Saisonale, regionale Produkte beim Frühstück: Joghurt, selbstgemachtes Müsli, selbstgebackenes Brot, Nüsse, Trockenfrüchte und vieles mehr.

80% des Stroms werden durch die zwei neu errichteten Windturbinen und eine Solaranlage erzeugt.

Keine Massenproduktion, keine Spritzmittel.

Seit Generationen ist es selbstverständlich, sparsam und ressourcenschonend zu leben.

Es wird versucht, die Gäste durch die Preisstaffelung dazu zu bringen, länger als nur eine Nacht zu bleiben, um nicht täglich Bettwäsche etc. wechseln zu müssen.

Also alles wie auf dem Bio-Bauernhof. Botelet darf sich das Bio-Schild allerdings nicht umhängen, da die Farm lieber nicht registriert werden soll (um auch den Nicht-Bio-Bauern aus der Umgebung Grasland zur Verfügung stellen zu dürfen). Dafür findet man sie im „Countryside Stewardship Scheme", das dem Erhalt englischen Farmlands und den darauf lebenden Arten gewidmet ist.

Jurten checken und dann schlafen wie in der Mongolei.

Polmartin Stables: Für Freunde des Reitsports ganz sicher ein Highlight, um so die Gegend rund um Botelet zu erkunden.

Julie

Babysitter gesucht? Julie Tamblyn bietet diesen Dienst gerne ab 7 Pfund in der Stunde an.

Einmal jährlich das „Polo on the Beach" bei der Watergate Bay.

POLZEATH ALS TOP SURFSTRAND.

Dort unbedingt das Café „Tube Station" besuchen (www.tubestation.org). Hier nicht vom religiösen Background abschrecken lassen – das Café ist über die Kirchenbank hinaus sehr beliebt.

Scones & Clotted Cream

Scones und Clotted Cream gehören zu Cornwall wie der Wind und das Meer. Hier die Anleitung von Julie Tamblyn, um die englische „Tea-Time" in der eigenen guten Stube zelebrieren zu können.

CORNISH SPLITS

✳

450G WEISSMEHL
60G BUTTER
1 TEELÖFFEL SALZ
1 TEELÖFFEL KRISTALLZUCKER
7G TROCKENGERM
280ML WARME MILCH (45°C)

✳

Tipp: Man kann auch Zuckersirup statt Marmelade nehmen. Das Ganze nennt sich dann „Thunder & Lightning".

Mehl, Salz und Zucker werden in eine große Schüssel gegeben. Dann die Germ unterrühren. Die Butter in der Größe kleiner Brotkrümel hineinreiben. In der Mitte eine kleine Vertiefung machen und die warme Milch dazugeben. Alles vermengen und für 5–10 Minuten kneten. Abdecken und an einen warmen Ort stellen, um die Masse auf die doppelte Größe aufgehen zu lassen. Dann nochmals verkneten und 12 Kugeln formen. Auf ein Backblech geben und die Kugeln abermals aufgehen lassen. Den Ofen auf 200 Grad vorheizen (für einen Heißluftherd geringere Temperatur). Wenn der Ofen warm ist, die „Splits" für 15 bis 20 Minuten backen. Auf einem Rost abkühlen lassen. In der Mitte durchschneiden oder -reißen und mit Marmelade und „Clotted Cream" servieren.

SCALD CREAM

✳

2 LITER MILCH
(MIT DEM HÖCHSTEN FETTANTEIL DER ZU KRIEGEN IST, AM BESTEN NICHT HOMOGENISIERT)

✳

Um die bekannte kornische Clotted Cream zu machen, braucht man eine Milchzentrifuge. Da diese ja nur die Allerwenigsten besitzen, verrät uns Julie, wie man Scald Cream aus „normaler" Milch machen kann.

Die Milch in eine große, hitzebeständige Schüssel schütten. Über Nacht an einem kalten Ort stehen lassen. Die sahneartigen Bestandteile werden an die Oberfläche kommen. Die Schale mit Milch in eine stabile Pfanne mit ungefähr 3cm Wasser geben und für zwei bis drei Stunden sanft köcheln lassen bis die Milch fest wird. Abkühlen lassen und dann mit einem gelöcherten Löffel aus Metall die Sahne abschöpfen. Im Kühlschrank aufbewahren. Die restliche Milch kann man ganz normal weiterverwenden.

Wem das zu viel Arbeit ist, Crème fraîche oder Frischkäse verwenden.

LOOE –
NAH AM
WASSER GEBAUT

**DIE STADT LOOE, DEREN NAMEN BEI DER AUSSPRACHE („LU")
SEHR LEICHT MIT EINEM ANDEREN (STILLEN) ÖRTCHEN
VERWECHSELT WERDEN KÖNNTE, LIEGT AM GLEICHNAMIGEN
FLUSS UND IST ERKLÄRTE FISCHER-METROPOLE.**

So frisch wie in Looe bekommt man den Fisch angeblich nur selten. Fischauktionär Julian („Simply Fish") erzählt uns, dass der Fisch von hier aus in alle Teile Großbritanniens, nach Frankreich und erstaunlicherweise auch nach Los Angeles geht. Starkoch Gordon Ramsay kriegt übrigens täglich seine Kiste mit frischem Fisch aus Looe. Der Fisch ist hier deswegen so frisch, weil die Fishermen and Friends jeden Tag in den Heimathafen zurückkehren, um abzuladen. Das ist nicht überall so. Viele Kutter bleiben tagelang auf See.

LOOE

Neben zahlreichen Läden und Lädchen, wie dem Hauptquartier des Eisproduzenten „Treleavens" oder dem frischesten Fisch- und De-likatessenshop „Pengelly's" direkt am Hafen, reihen sich die Touristen- und Badebedarf-Shops in der Hauptstraße aneinander.

STADT IN ZWEI HÄLFTEN

Die in die zwei Hälften East und West Looe gebrochene Stadt ist umrahmt von idyll-ischen, kornischen Kuhweiden, die sich mit den Fischer- und Segelbooten im Hafen auf den ersten Blick etwas schlagen. Wenn man möchte, kann man von den Kuhweiden ab-sehen und zum Fischen gehen. Von Makrelen bis zu Haien kann man hier alles fangen, es hängt lediglich von der Ausrüstung und Ent-fernung zur Küste ab. Außerdem starten hier (nicht bei jeder Witterung) Boote zur Looe Island (auch St. George's Island genannt).

Die etwas vorgelagerte Insel ist voller maritimer Vegetation und als Naturschutzgebiet sehr wild und ursprünglich. Ihre Geschichte als Schmugglernest wurde eigenartigerweise beendet, als hier das Haupthaus der Zollbeamten gebaut wurde. Heute wird die Insel vom Cornwall Wildlife Trust verwaltet, der eine beschränkte Anzahl an Besuchern vorschreibt.

BADEN VOR LOOE

Wer nach Stränden und Bademöglichkeiten sucht, ist in Looe bestens aufgehoben, denn die kleine Stadt bietet gleich mehrere davon: Banjo Pier und Looe Beach machten den Ort schon früh zu einem Bademekka. Weiters bieten die lokalen Strände Second Beach und Millendreath genügend Ausweichmöglichkeiten, falls Banjo Pier und East Looe zu voll sein sollten. Nahe dem Fluss ist der Hannafore Beach meist einer der ruhigeren Strände, der sich wegen seiner Grasbänke auch gut zum Picknicken eignet.

TIPP: SHOPPING!

„Pengelly's" gleich am Quay ist der perfekte Ort für Fischliebhaber und Selberkocher. Dort gibt es alles, was der Fischfreund brauchen könnte. Eine gute Auswahl an frischem Meeresgetier und diverse Saucen sowie Gewürze, die man für das perfekte Fischgericht im Regal stehen haben sollte. Eine weitere Variante ist, frühmorgens (und damit ist 6:30 Uhr gemeint) am Fischmarkt zu stehen, wenn die Fischer mit ihrer „Beute" zurückkehren. Frischer geht es schon kaum mehr.

PENGELLY´S
THE QUAY, EAST LOOE,
CORNWALL PL13 1DB,
TEL. 01503 262246,
WWW.PENGELLYS.CO.UK
(...HAT AUCH EINEN ABLEGER
IN LISKEARD).

FRISCHER FISCH MACHT FREUDE

TÜCHTIGE ANGLER ZIEHEN TÄGLICH FRISCHEN FISCH AUS DEM ÄRMELKANAL UND DAS FREUT DAS GOURMETHERZ. JAKOBSMUSCHELN, KRABBEN, HUMMER – EIN GEDICHT!

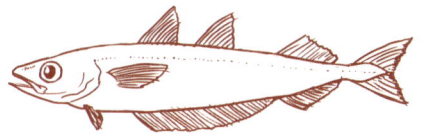

TRAWLERS, LOOE

Jonathan Hancock kauft seinen Fisch beim örtlichen Fischtandler Julian. Der in Frankreich ausgebildete Koch betreibt mit seiner Frau das „Trawlers", ein Lokal, das gleich im ersten Jahr den Preis „Taste of the West" einheimste Stolz meint Jono, dass es auch nur drei Restaurants in Cornwall gibt, die sich diesen Preis an die Westentasche stecken dürfen.

Wenn man sich nun vorstellt, dass in diesem Lokal alles etepetete ist, man sich superschick anziehen muss und es streng zugeht, dann hat man sich ganz stark getäuscht. Das „Trawlers" ist trotz der guten Qualität der Gerichte ein Lokal, das man sich leisten kann und in dem man sich wohlfühlt.

Kleiner Ritt durch die Speisekarte: Jakobsmuscheln mit einer Art edlen faschierten Laibchen, Krabbenfleisch, Seeteufel, Dessertvariationen. Jono und seine Truppe sind wahnsinnig sympathisch und das Essen ist g'schmackig hoch drei.

THE QUAY, EAST LOOE, CORNWALL,
TEL. 01503 263593
WWW.TRAWLERS-RESTAURANT.CO.UK

Martin im Larsson's

LARSSON'S COFFEE HOUSE, LOOE

Zu Ehren des schwedischen Malers eröffnete Martin Noble mitten in Looe sein kunterbuntes Café. Sein Credo „Ich wollte nicht mehr in England wohnen, weil es hier keinen guten Kaffee gibt. Da ich aber irgendwie musste, habe ich eben mein eigenes Café aufgemacht", ist ebenso witzig wie er selbst. Gerne erzählt er Anekdoten von seiner Zeit in Oberfranken – selbstverständlich auf Deutsch! Spätestens, wenn er dann auf Fränkisch mit seinen Gästen palavert, machen auch die vielen bayrischen Gerichte vom Käsekuchen bis zur Bratwurst Sinn. Doch eigentlich hat sich das Original Martin (inklusive Schnurrbart!) auf Crêpes spezialisiert. Und diese tragen die lustigsten Namen. An auserwählten Abenden (bitte erfragen) bietet Martin in seinen vier verrückten Wänden „Dining Clubs" featuring „Essen vom Kontinent" und Musikabende, an denen sich das Café ganz schnell zum Szenelokal verwandelt. Und das im kleinen Looe, bitteschön!

7 BULLER STREET, EAST LOOE,
CORNWALL PL13 1AS
TEL. 01503 265368
WWW.LARSSONSCOFFEEHOUSE.COM

SAM'S ON THE BEACH,
POLKERRIS

Jeder Einheimische wird euch raten, aus der Auswahl an „Sam's" rund um Fowey das „Sam's on the Beach" zu wählen. Am Polkerris Beach hat das kundige „Sam's"-Team nämlich ganz schön was aus dem Boden des einstigen Lifeboat-Hauses gestampft. Wo früher ein Rettungsboot darauf wartete, Leben zu retten (33 waren es - einer Anschlagtafel nach), steht heute ein lässiges Lokal mit Blick aufs Meer. Steinofenpizzen mit dünnster Kruste, die gerne einmal mit Krabben belegt sind, Seafood vom Feinsten und Starters, die sich (hoffentlich!) gewaschen haben, überzeugen ein überwiegend junges Publikum. Aber keine Angst – auch Steaks und Salate können sie hier zauberhaft zubereiten. Draußen, an einer Art Eisausgabestelle, kann man sich Pizzen, Sandwiches oder eben Eis für den Strand mitnehmen. Zusammengefasst ist „Sam's on the Beach" ein gelungenes, kulinarisches Gesamtkunstwerk.

14 POLKERRIS, PAR, CORNWALL, PL24 2TL, TEL: 01726 812255

**FRÜHSTÜCKS-TIPP:
BEACH BREAKFAST PIZZA
MIT SPECK, TOMATEN,
CHAMPIGNONS, BAKED BEANS
UND EI. SANDWICHES ZUM
LUNCH FÜR 6 PFUND.**

SHOPPING QUEEN

FRUCHTIG ANGEHAUCHT

CIDER, APFELSAFT ODER GINGER BEER?
WER DIES IN SÜSSEN MENGEN SUCHT,
DER IST IM FARMSHOP VON CORNISH
ORCHARDS GOLDRICHTIG …

CORNISH ORCHARDS
WESTNORTH MANOR FARM, DULOE, LISKEARD,
CORNWALL, PL 14 4PW, TEL. 01503 269007
WWW.CORNISHORCHARDS.CO.UK

Die Cornish Orchards haben gut daran getan, ihr Design zu ändern. „Seit wir mit den neuen Etiketten arbeiten, kommen immer mehr Leute zum Verkosten vorbei und die Flaschen werden sogar nach Australien geliefert", erzählt uns Sheila vom Shop. Die Flaschen sind echt allerliebst mit ihren Obstbäumen drauf und laden richtig ein, sie nachhause ins Appartement oder zum nächsten Strand mitzunehmen und sich einen köstlichen Cider-Spitz anzutrinken. Neben dem Alkohol gibt es natürlich auch großartigen Apfelsaft (und das können wir wirklich einschätzen, denn wir kommen aus Österreichs Apfelland Nummer Eins), Limonade und Holundersaft. Wobei schon der Name „Elderflower" (dt. Holunder) eine gewisse Ausstrahlung hat. Bei einer Verkostung durch die verschiedenen Ciderprodukte, kann man sich schon einen leichten Schwips holen, wenn man davor nicht ausgiebig gefrühstückt oder geluncht hat. Aber gut ist er, dieser Cider. Cornish Orchards hat nicht nur was für die zart Besaiteten (Farmhouse Cider) oder Süßen (Blush Cider mit Himbeere), sondern auch was für die ganz Harten (Vintage Cider) zu bieten. Wen Sheila also nicht zu einem Kauf überzeugen kann, der muss beinharter Biertrinker sein.

FÜR ALLE CIDERFANS GILT: IM OKTOBER FINDET DAS CORNISH CIDER FESTIVAL IN LOSTWITHIEL STATT. DA KANN MAN DANN CIDER TRINKEN, BIS MAN UMFÄLLT – WORTWÖRTLICH!

WWW.CORNISHCIDERFESTIVAL.CO.UK

SCHMUCKE SCHMUGGLER STUBE

WIR HATTEN DAS GLÜCK, POLPERRO ZU SEINER STILLSTEN ZEIT ZU TREFFEN, NÄMLICH NACHDEM ALLE TOURISTENBUSSE WIEDER ABGEFAHREN WAREN. SO BESUCHTEN WIR EIN EHEMALIGES SCHMUGGLER-NEST, DAS HEUTE EIN SÜSSES DORF AM MEER IST.

Wenn der „Car Park" einige hundert Meter vom Stadtzentrum einer etwa 1000-Seelen-Gemeinde entfernt ist, muss man einen Verdacht hegen. Dieser bestätigte sich, als wir an den zahllosen (es waren echt viele) Souvenirshops vorbeistiefelten, die die Touristeneinflugsschneise säumen. Es handelt sich also um ein hoffnungslos überlaufenes, kleines Städtchen, das in der Touristensaison von Gästen wie von einem Tsunami überschwemmt wird. Unser großes Glück: Alle Busse waren für diesen Tag bereits abgefahren und so trafen wir auf eine der Einwohnerzahl entsprechenden Menge an Menschen, die uns keineswegs am Genuss dieses kleinen Juwels in Form eines Schmugglernestes hinderte.

MISTER WILCOX

Wer Willy Wilcox heißt, der muss es faustdick hinter den Ohren haben und so war es in diesem Fall auch: Zahlreiche Legenden ranken sich um den Oberschmuggler von Polperro (der angeblich in der Höhle am kleinen Strand das Zeitliche segnete). Die Schmugglerkultur entwickelte sich, da vom englischen Königshaus lange Zeit auf allerlei Waren hohe Steuern eingehoben wurden. Allerdings gab es bis ins 19. Jahrhundert kein effizientes Kontrollorgan und so waren zeitweise zwei Drittel des in England getrunkenen Tees (und das war beim Teekonsum der Briten sicher massiv viel!) Schmugglerware. Wer mehr über Willy Wilcox wissen möchte, kann sich im „besten Pub der Welt", dem „Blue Peter" sicherlich mit ein paar Einheimischen bei einem Ale oder Cider über ihn unterhalten.

KUNST & GESCHICHTE

Dass Polperro einige Jährchen am Buckel hat, erkennt man nicht zuletzt an den schiefen Wänden in den Gässchen der Stadt. Teilweise weiß, teilweise naturbelassen, lässt die Stadt bei Dämmerung die Geschichte wieder auferstehen, ohne dass der Besucher besonders viel Vorstellungskraft einsetzen muss. Folgt man den Schildern Richtung Coast Path, kommt man auf eine schöne Aussichtsplattform über den Klippen mit einer (mehr als) romantischen Bank. Hier kann man zwar keine Sonnenuntergänge beobachten (das wäre nämlich auf der anderen Seite von Cornwall), aber auch ganz gut auf das Meer schauen und dabei die Zeit vergessen. Wer Polperro doch tagsüber besucht, kann sich die Werke des Kunstkollektivs anschauen, denn der Ort hat nicht nur auf Besucher, sondern auch auf hiesige Künstler eine unbeschreiblich inspirierende Ausstrahlung. Nicht umsonst ist der österreichische Künstler Oskar Kokoschka während der Wirren des 2. Weltkrieges hierher gekommen, um weiterzumalen.

Bewegung ist natürlich in Cornwall immer greifbar. So bietet sich in Polperro die vier- bis fünfstündige Wanderung nach Looe und zurück an, auf der man teilweise am „South West Coast Path" und teilweise im Landesinneren unterwegs ist.

In sicheren Wassern schwimmen kann man im natürlichen „Chapel"-Pool, der allerdings nur bei Ebbe ein Pool ist und bei Flut mit dem Ozean fusioniert. Der Pool befindet sich nur wenige Meter außerhalb des Dorfzentrums. Hier haben schon viele Söhne und Töchter der Stadt schwimmen gelernt, darum ist es wahrscheinlich gar nicht so schlecht, dass das Meer dort regelmäßig einmal durchspült.

Lisa Woollett – Professional Sea Photographer

Wir haben Lisa im „Trawlers" mitten in Looe getroffen, wo gerade ihre schönsten Fotos ausgestellt wurden. Obwohl sie eigentlich aus Kent stammt, Dokumentarfotografie studiert und lange Zeit in London gearbeitet hat, entschied sie sich, ihre Kinder in Cornwall zu bekommen und von nun an nur mehr das Meer zu fotografieren. Stoff hat sie hierfür ja genug!

Wenn du selbst auf Urlaub fährst, wo zieht es dich hin?

Ich muss ganz ehrlich gestehen: Ich verlasse Cornwall nicht einmal mehr zum Urlaub machen. Meinen letzten habe ich mit meinen Kindern in St. Ives verbracht. Porthcurno Beach ist ja wirklich traumhaft, das Wasser ist kristallklar und die Bedingungen perfekt fürs Bodyboarden.

Hast du einen Lieblingsort in Cornwall?

Der wäre dann Polperro, wo ich auch mein Künstlerkollektiv – die „Polperro Arts Foundation" – habe. Ich liebe es dort außerhalb der Touristensaison, dann ist es nämlich ein ruhiges Fischerdorf. Am allerliebsten ist es mir im Winter, wenn die Naturgewalten über das Dörfchen hereinbrechen. Dann sitze ich im „Blue Peter", dem besten Pub weit und breit, und fühle mich wohl.

Hast du Tipps für (Hobby-) Fotografen?

Schön, um das Meer zu fotografieren, sind Lansallos, weil da nicht so viele Menschen sind, Whitsand Bay oder Polperro an sich. Außerdem: Achtung! Wenn man sich zu sehr aufs Fotografieren konzentriert und ein Auge über eine Stunde geschlossen hält. Es kann dann nicht mehr fokussieren. So bin ich schon einmal einäugig von einer Klippe runtergeklettert.

Was gefällt dir an deiner Arbeit?

Dass ich an den Klippen sitzen und das Meer beobachten kann. Das ist einfach fantastisch. Das Meer ist so aufregend, vor allem im Winter bei Sturm und Regen. Da können die Wellen enorm groß sein.

LISAS TIPP: „THE VIEW" ALS RESTAURANT, „SLOOP INN" ALS PUB IN ST. IVES. WWW.PHOTOGRAPHSOFTHESEA.COM

FOWEY

AN DER FLUSS-MÜNDUNG

**FOWEY (AUSGESPROCHEN „FOI") KÖNNTE
ALS DAS ÖSTLICHE ST. IVES DURCHGEHEN.
NUR DASS MAN HIER SEGELT UND KAJAK
FÄHRT ANSTATT ZU SURFEN.**

An diesem Ort ist man fürwahr in der guten Stube des Segelns gelandet. Dementsprechend findet man hier Yacht-Clubs, Segelmacher, Wassertaxis, Segelschulen und Bootsvermietungen. Vom Segeln abgesehen, gibt es noch viele andere Möglichkeiten, um hier aufs Wasser zu kommen: Man kann eine Hafenfahrt mitmachen, Boote bringen einen flussaufwärts Richtung Lostwithiel und es gibt auch Fischerboote, die einen gerne mit hinaus nehmen. Auch Kitesurfer verirren sich gerne in diese Gegend, bietet doch Par Sands zum Beispiel oft gute Bedingungen für diese Aktivität. Und dann gibt es da noch die vielen bunten Kajaks und Kanus, die darauf warten, ins Wasser gelassen zu werden. Für Könner und Ungeübte ist Fowey der ideale Spielplatz und es gibt mehrere Stationen, an denen Kajaks/Kanus zum Ausborgen bereitstehen. Für Anfänger werden auch geführte Touren angeboten.

Wer jetzt doch lieber zu Land unterwegs ist, dem bietet sich eine Vielzahl an Möglichkeiten. Wandern entlang des „South West Coast Paths" oder entlang des Flusses Fowey, Golfen bei Lostwithiel oder Lanhydrock oder Spazieren am „Saint's Way" nach Padstow. Auch die vielen Strände in der Umgebung machen es möglich, nicht ins Wasser zu müssen.

Wer in Fowey gerade auf der Suche nach einer neuen Urlaubslektüre ist, der sollte zur Schriftstellerin Daphne du Maurier greifen. Diese Lady verbrachte nämlich viel Zeit in Cornwall und Fowey und so kann man sich hier gleich direkt auf die Suche machen nach den Orten in ihren Geschichten.

Hungrig geworden? On the Quay findet man die Restaurants „Food for Thought" und „Boathouse". Das eine bietet Fisch und Meeresfrüchte, das zweite lockt mit Pizza aus dem Italo-Style Ofen. Das Lokal „Sam's" erinnert mehr an Amerika als an Cornwall. Für die Ohren gibt es Elvis und Co. und für den Magen Burger und Seafood. Also: In Fowey umsehen! Es ist für jeden etwas dabei.

DIES UND DAS:

ÜBERBLICK VERLOREN? HINAUF AUFS ST. CATHERINE'S CASTLE!

ESSEN UND TRINKEN: PINKY MURPHY'S (WWW.PINKYMURPHYS.COM)

MEHR INFORMATIONEN ZU HAFEN UND SEGELN: WWW.FOWEYHARBOUR.CO.UK

Die Coriander Cottages in Fowey

Colin von den Coriander Cottages

**DIE MÜHLE MIT DEN DAZU-
GEHÖRIGEN SCHEUNEN HATTE
SCHON EINIGE JAHRE AM BUCKEL,
ALS SIE COLIN ZU OASEN DES
LUXURIÖSEN & GRÜNEN WOHNENS
UMFUNKTIONIERTE.**

Colin King hat viel Erfahrung im Hotel-
bereich anzubieten und hat sein „Best-Of"
bei den „Coriander Cottages" umgesetzt.
Wichtig war ihm dabei die Umwelt und
Dinge wie Energieversorgung durch eine
Erdreichwärmepumpe oder Lammwolle zur
Isolierung der Wände.
Neben diesem „Best-Of Grüner Wohnen" fin-
det sich in den beiden Cottages eine erlesene
Auswahl an Dingen, die dafür sorgen, dass

es einem so richtig gut geht. Man nehme
Jacuzzis, Feuerstellen und die hochmodern
ausgestatteten Küchen zum Beispiel.

Widersprüchlich? Colin sagt, er gibt
sein Bestes, da er immer auch die Auswirkungen des menschlichen Tuns auf die
Umwelt im Kopf hat. Und er weiß, dass die
„Coriander Cottages" nicht nur Umweltbewusstsein signalisieren können, wenn sie
auch Luxus anbieten sollen.

Was wir gesehen haben: Zwei wunder-
schön eingerichtete Cottages an einem herrlich ruhigen Platz mit Ausblick. Perfekt
zum Entspannen und die Seele bim-bam-
baumeln zu lassen.

**PENVENTINUE LANE, PL23 1JT
TEL. 01726 834998
FOWEYACCOMMODATION.CO.UK**

MEVAGISSEY

Ein Minifischerdorf, das mit vielen Eis-shops, Cafés und Restaurants für Touris-tenströme gerüstet ist. Ebenso gut kann man gegen den Strom schwimmen und den Fischern mit ihren gelben Gummistiefeln dabei zusehen, wie sie sich auf die nächste große Fischertour vorbereiten. Wer tatsäch-lich noch mehr Abenteuer will, kann sich erfahrenen Fischern wie John Arthur (www.mevagisseyfishing.co.uk) anschließen und geführte Fischertouren machen. Am Kai gibt es auch ein kleines Museum, das zwar nichts – außer einer freiwilligen Spende – kostet, aber leider auch dementsprechend aussieht. Die armen (lebendigen!) Tiere, welche die Artenvielfalt der kornischen See darstellen sollen, taten uns in ihren kleinen Becken

richtig leid. Genauso wie in Polperro muss man in Mevagissey einfach darauf achten, nicht unbedingt in der Hochsaison hierher zu kommen, sondern vielleicht erst zum Abend-essen vorbeizuschauen, da das Dörfchen dann viel echter wirkt. Ein netter Spaziergang bei Dämmerung ist der zum Leuchtturm, weil man von hier viele grüne Ausläufer Cornwalls mit ihren Klippen sehen kann.

**TIPP FÜR EINEN HEISSEN TEE
AN KALTEN TAGEN:**

**TASTEBUDS CAFÉ,
11 MARKET SQUARE, MEVAGISSEY,
TEL. 01726 844347
WWW.TASTEBUDS-CAFE.CO.UK**

Eden Project

Park and ride bus st

Liebes Tagebuch ...

ein Ausflug zum „Eden Project"
ist immer ein Erlebnis und wirkt
natürlich auf jeden anders. Unsere
Eindrücke schildern wir hier sehr
plastisch und lebensnah — wie es
sich für das „Eden Project" gehört.

Von West Taphouse ist man schnell beim „Eden Project". Und da sich ein Projekt, bei dem sich im Prinzip alles um Nachhaltigkeit, Natur und andere gute Dinge dreht, perfekt für unser Buch eignet, machten wir uns gleich ganz in der Früh dorthin auf. Nur, um herauszufinden, dass sich das ungefähr noch hundert andere gedacht haben. Geparkt haben wir bei Lime 1 – hier können wir anderen weiblichen Nullcheck-Autofahrerinnen oder Männern, die Orientierungslosigkeit niemals zugeben würden, nur empfehlen, sich die Frucht und die entsprechende Zahl, bei der sie geparkt haben, gut einzuprägen. Die Rückfahrt zum Carpark ist nur mit dem Bus möglich und der hält sich streng an die fruchtigen Bezeichnungen. Achtung, er hält zwar bei Zwetschke, Ananas, Zitrone und Melone, aber keinesfalls bei Apfel oder Orange. Da soll sich ein normaler Mensch auskennen.

Große Bienenwaben

Bei lang erwarteten Sehenswürdigkeiten macht man sich ja gewisse Vorstellungen. Als Erklärung: Ich dachte mir, die Freiheitsstatue sei größer und die „Golden Gate Bridge" kleiner, als ich sie dann in Wirklichkeit erlebte. Beim „Eden Project" war es ganz wie bei der blutroten kalifornischen Schönheit: Es war enorm groß! In das Ding passt laut „Lonely Planet" sogar der „Tower of London" – die müssen's wohl ausprobiert haben. Hier im Nirgendwo, nahe der Ministadt Lostwithiel (Diese war im Übrigen mal Hauptstadt Cornwalls! Wie das passieren konnte, können sich selbst die Einheimischen nicht erklären. Heute sind dort allerdings viele ansprechende Antiquitätenläden), wurden die größten Gewächshäuser der Welt aus dem Boden gestampft. In einer hässlichen Kaolingrube entstanden in kürzester Zeit zwei neue Klimazonen. Im 20-minütigen Film über die Erbauung dieses Monsterprojekts made by Tim Smit sieht man, welchen Stress die Bauleute eigentlich hatten. Da es im kornischen Winter von 2000 auf 2001 nicht weniger als hundert Tage hintereinander (!) regnete, wurden die Bauarbeiten um einiges verzögert und so musste noch einen Tag vor der Eröffnung bis zum Morgengrauen reingehackelt werden.

Hot Hot Hot

Seit März 2001 ist das „Eden Project" also auf der Bildfläche und für viele Besucher Cornwalls das perfekte Schlechtwetterprogramm – wir hatten im Übrigen auch einen Regenguss, der sich sehen lassen konnte! In den zwei Biomen wurden die besten klimatischen Voraussetzungen für tropische und mediterrane Gefilde geschaffen. So kann man Kakteen, silbrige Olivenbäume, Palmen und Bananenbäume ganz nah beieinander sehen. Zuerst war ich noch ein bisschen skeptisch, als mich ein lustiges Schild im tropischen Gewächshaus darauf hinwies, dass ich, wenn möglich, kurzärmelig durchspazieren und in jedem Fall Wasser mit mir führen sollte. „Blödsinn!", dachte ich mir und befreite mich nicht von meinem Kuschelpulli, was mir nur zwei Minuten später zum Verhängnis wurde. Plötzlich stieg die Luftfeuchtigkeit und die Sonne kam mit Ultrakraft durch die Waben. Kurz vorm Kollaps befreite ich mich dann doch von meiner äußersten Kleidungsschicht und es war gut so. Im Nachhinein würde ich jedem raten, dieser Vorschrift doch einfach zu vertrauen und die typische Cornwall-Einstellung, am besten immer einen Kuschelpulli zu tragen, für eine halbe Stunde abzulegen.

Kaffee und Scones

Wie alle guten Touristenattraktionen hat auch das „Eden Project" sowohl Touri-Shop als auch Café. Nur sind diese erfrischend anders. Im Geschäft gibt es fast ausschließlich Fair-Trade beziehungsweise Recycle-Geschichten, die sich wirklich gut als gewissenhaftes Mitbringsel eignen und das Café folgt sowieso seinen eigenen Regeln. Wahrscheinlich ist der Gastronomiebereich der neueste Teil des ganzen Komplexes: Der wurde nämlich erst vor kurzem überschwemmt und musste wie der Phönix aus der Asche wieder neu entstehen.

**BODELVA,
NÄHE ST. AUSTELL, PL24 2SG,
TEL. 01726 811911
WWW.EDENPROJECT.COM**

Spielregeln
Eden Project Café

Nimm dir, was du gerne haben möchtest. Merke dir aber, was du genommen hast.

Die Getränke musst du in eine der rumhängenden Tassen einfüllen. Hier kannst du so oft nachfüllen, wie du willst!

Die Focaccias sind sehr schwer zu essen, weil mächtig.

Willst du einen Scone, dann überlege dir gut, ob du diesen nicht teilen willst, denn sonst könnte es geschehen, dass du für die nächsten zwei Tage keinen Hunger mehr hast.

Einen Scone bereitet man wie folgt zu: Butter, darauf einen Patzen Marmelade und dann so viel „Clotted Cream" wie irgendwie möglich! Fertig!

Für Kaffee & Tee einfach an den gekennzeichneten Orten anstellen – kann durchaus länger dauern.

Zum Zahlen alles merken, was man gehabt hat und an einer der Kassen aufsagen.

TRURO, FALMOUTH, ROSELAND & THE LIZARD

Zu jeder Stadt gehört eine Halbinsel!
Das scheint das Thema dieses Kapitels zu sein.
Eine Entdeckungsreise für Rätselfreunde,
Wracktaucher, Käseliebhaber, Natur-
begeisterte, Kaffeehaustanten, Pasty-Bäcker,
Teetrinker und Kulturinteressierte.

Helston

Porthleven

LOE BAR

MULLION
COVE

PREDANNACK
HEAD

GOON
D

Cadgw

LIZARD
DOWNS

The Lizard

KYNANCE
COVE

LI

Roseland, Truro, Falmouth, Fowey, Looe, Rame →

Helford

Manaccan

St. Keverne

THE MANACLES

Coverack

BLACK HEAD

POINT

Truro

**FRÜHER MAL „LONDON OF CORNWALL" GENANNT, SORGEN HEUTE
UNGEFÄHR 18.000 EINWOHNER DAFÜR, DASS SICH IN CORNWALL
DIE SÜDLICHSTE STADT DES UNITED KINGDOMS BEFINDET.**

Allein am Verkehrsaufkommen merkt man, dass Truro mehr Stadt als Land ist. Es herrscht Unruhe auf den Straßen, hier gibt es einige Geschäfte und Bauernmärkte. Viele Firmen und Organisationen haben ihren Sitz in dieser City. Dennoch: Eine Großstadt darf man sich nicht erwarten.

Die Touristen-Info ist gut bestückt und ein idealer Ort, um sich wirklich viel Information über Cornwall zu holen. Sie bietet zum Beispiel eine große Auswahl an sogenannten „Treasure Trails": Unterschiedlichste Routen zum Schatzsuchen und Rätseln für sehr viele Orte Cornwalls. Auch der „Lemon Street Market" ist einen Besuch wert. Dort finden sich kleine, feine Shops samt Galerie und Café im ersten Stock. Bei „Bedruthan" zum Beispiel kann man sich zum Brotbacken mit Bäcker Tom verführen las-

sen. Sollte man sich für eine Selbstversorger-Unterkunft in Cornwall entschieden haben, ist der „Cornish Food Basket" ein heißer Tipp. Nix wie hin und sich regionale Lebensmittel für die Woche besorgen.

**GANZ REISEFÜHRERGERECHT
HIER AUCH EINMAL EIN HINWEIS
AUF EINE SEHENSWÜRDIGKEIT:
TRURO IST BEKANNT FÜR DIE
NEUGOTISCHE KATHEDRALE, DIE
EIN MARKANTER BESTANDTEIL
DES STADTBILDES IST.**

Ein bisschen Kultur und Entertainment gefällig? In Truro befindet sich auch die sogenannte „Hall for Cornwall" – ein Zentrum für Theater, Konzerte, Musicals und mehr. Vielleicht ist ja gerade was Passendes dabei …?

Lemon Street Market

Wenn man dem Regenwetter entfliehen möchte, lohnt sich ein Ausflug nach Truro auf jeden Fall. Man kann Geschäfte besuchen, Kaffee/Tee trinken oder einen Abstecher in die Bowlinghalle wagen, um dort ein bisschen an den Kegeln zu rütteln.

Da Truro nicht am Meer, sondern am Fluss liegt, kann man bei einem Besuch die Strandausrüstung zuhause lassen. Vielmehr sollte man die Augen offen halten, da man hier den Kornen selbst beim Alltag zusehen kann. Truro ist dann am Reiseplan, wenn man sich unter die Leute mischen möchte und wenn man das Bedürfnis hat, sich „etwas" Stadttreiben zu gönnen.

Tipp: Radhosen einpacken! Rund um Truro gibt es so einige Radrouten für Biker aller Klassen. Saftige Mountainbike-Touren sowie familienfreundliche Ausflüge an der alten „Mineral Tramway" entlang findet man hier:

WWW.TRURO.GOV.UK

WWW.TOURISM.TRURO.GOV.UK

Lynher Dairies

KÄSEKUNSTWERKE

Neben Clotted Cream und Pasties ist es nur der Yarg, der einen Engländer sofort an die Grafschaft am südwestlichsten Zipfel ihres Landes denken lässt. Und der wird gleich bei Truro produziert. „Yarg" – eigentlich ein verkehrt geschriebenes „gray" – wird nur in der „Lynher Dairies Cheese Company" hergestellt, aber in die ganze Welt exportiert, denn wer sich diesen halbharten Käse einmal auf der Zunge hat zergehen lassen, der möchte dies immer und immer wieder tun.

Das Besondere an diesem Kuhmilchkäse ist vor allem, dass er ein Brennnesselkleid trägt (sollte seine Nesselfunktionen beim Verzehr nicht mehr am Menschen auslassen – es sei denn man leidet unter einem Wahn wie eine Autorin dieses Buches, die an dieser Stelle nicht genannt werden möchte).

WWW.LYNHERDAIRIES.CO.UK

MAL BRENNNESSEL, MAL KNOBLAUCH

Manchmal tauscht er dieses auch mit einem Anzug aus wildem kornischen Knoblauch. Wer in Cornwall ist, sollte auf jeden Fall entweder bei der Farm nähe Truro auf ein Stück Käse vorbeischauen, oder sich in einem x-beliebigen Käsegeschäft in der Region damit eindecken. Er ist nicht nur super mit Brot zu essen, sondern eignet sich auch zum Kochen. Der beste Partner, den sich ein Cornish Yarg wünschen könnte, ist und bleibt wahrscheinlich die Tomate. Viel Spaß bei dieser Geschmacksfusion. Auch wenn man daraufhin süchtig nach Yarg wird, gibt es eine Abhilfe, wie Catherine von „Lynher Dairies" bestätigt: „Wir verschicken unseren Käse gerne in alle Länder! Einfach auf unserer Homepage bestellen und ein bisschen Geduld haben, schon kann er genossen werden."

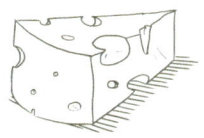

Catherine von Lynher Dairies – Say Cheese!

Was ist das Besondere an eurer Käserei?

Dass wir alles per Hand herstellen und unsere Personalstruktur über die Jahre beibehalten haben. Im Gegensatz zu vielen Mitbewerbern sind wir sehr klein. Dem „Yarg" geben vor allem die kornischen Brennnesseln, die wir im Mai und Juni sammeln, seinen besonderen Geschmack. Viele erinnert dieser ein bisschen an Pilze. Yarg ist in Cornwall so traditionell wie Pasty.

Wo essen Sie Ihre Pasties am liebsten?

Am Strand, am liebsten bei Kynance Cove. Dort ist es einfach dramatisch schön.

Wie war Ihr erster Eindruck von Cornwall und was hat sich seither verändert?

Ich bin vor etwa 30 Jahren zum ersten Mal hierher gekommen. Damals war es noch viel ruhiger und um einiges ländlicher. Da ich aus London stamme, war die Ruhe für mich eine willkommene Abwechslung. Zu dieser Zeit war Cornwall noch ein beliebter Platz, um sich zur Ruhe zu setzen und somit waren hier viele alte Leute. Das hat sich mittlerweile geändert: Heute gibt es auch viele junge Menschen, die hier bewusst leben wollen.

Was schätzen Sie an der kornischen Kultur?

Dass in den letzten Jahren viel Kreatives entstanden ist. Angefangen von den Künstlern in St. Ives, über die Schauspielgruppe „Kneehigh", bis zu den Musikern in Penzance.

CATHERINES TIPPS:
„PORTHMEOR CAFÉ" IN ST. IVES
„TRELOWARREN" / „NEW YARD"
(RESTAURANT BEI HELSTON)
TEL. 01326 221595
WWW.TRELOWARREN.COM

Beide haben gutes, lokales Essen!

EIN LAND VOR UNSERER ZEIT:

Roseland

HALBINSEL

Entgegen allen Erwartungen kommt die Bezeichnung „Roseland" wahrscheinlich nicht von der üppigen Vegetation dieses magischen Ortes, sondern vom kornischen „Rosinis" für Moorinsel – wir glauben wegen der Schönheit irgendwie noch immer an erstere Erklärung.

Ein bisschen ist die Zeit stehengeblieben auf der Roseland Halbinsel. Dabei kann man schon seit fast 100 Jahren mit der „King Harry Ferry" von der Falmouth Gegend über den River Fal hierher fahren. Wir haben allerdings den Weg über Truro gewählt – irgendwie hat es etwas Schönes, sich langsam in Richtung St. Mawes vorzukämpfen. Für zukünftige Cornwall-Urlaube haben wir uns allerdings notiert, dass wir uns hier eines der gemütlichen Cottages nehmen würden. Es wäre traumhaft, diese Region mit viel Zeit und Ruhe im Gepäck zu erkunden. Wir kamen im Dienste der „Treasure Trails" hierher, weil wir echte Rätselfans sind und man durch die vorgeschlagene Route des „Roseland Murder Mystery Trails" viel von Roseland hat – auch wenn die Reise nur einen Tag in dieses kornische Wunderland führt.

NATURSCHÖNHEIT

Roseland ist eine Naturschönheit – wirklich! Tropische Pflanzen soweit das Auge reicht und dazu gesellt sich dann meistens auch noch der Blick aufs Meer, oder – in diesem Fall noch besser – der Blick auf den Fluss vor der „St. Just in Roseland-Kirche". Diese war durchaus einer der schönsten Orte, die uns jemals untergekommen sind. Vom Parkplatz spaziert man durch den uralten Friedhof immer weiter in Richtung Kirche. Über einem thronen riesige Baumkronen, die von Scharen von Vögeln bewohnt sind, welche mystische Geräusche von sich geben. Bei der Kirche angekommen, die im Übrigen von Palmen umgeben ist, öffnet sich der Blick aufs Wasser.

AUSSICHTSREICH

Bei St. Anthony Head wird man mit Weit-
blick gesegnet. Hier sieht man perfekt über
die Mündung des Fal hinüber nach Falmouth.
Die alte Militärstation kann übrigens gemietet
werden, denn der „National Trust" hat die
Häuschen zu Appartements umgebaut. Auf
der kleinen Terrasse genießt man dann ein
gutes Buch samt Wein mit Blick übers Wasser.
Da könnte einem etwas Schlimmeres passieren. Wer Zeit hat, wandert hier am besten
den „South West Coast Path" entlang.

SIMPLY CHARMING

Sie heißen Portscatho, Portloe, Veryan
und St. Mawes. Und alle sind sie zauberhaft. Veryan versprüht sogar ganz ohne
Meer Zauber und hat einen schönen, um-

rankten, frei zugänglichen See, gleich bei
der Kirche. Ansonsten findet man Fischerdörfer, wie sie im Buche stehen oder – im
Fall von Portloe – oft auf die Leinwand
gebannt sind. In St. Mawes kann man sich
dann vom ereignisreichen Roseland-Tag mit
einem Essen belohnen:

SOWOHL DAS PUB
„THE RISING SUN" (TR2 5DJ,
TEL. 01326 270233)
ALS AUCH DAS
„THE VICTORY INN" (TR2 5PQ,
TEL. 01326 270324) IN EINER
KLEINEN NEBENGASSE EIGNEN
SICH PERFEKT DAFÜR.

ODER ABER AUCH GANZ OHNE
PUB-GRUB – DAS „IDLE ROCKS"
(HARBOURSIDE, ST. MAWES,
TEL. 01326 270771,
WWW.IDLEROCKS.COM)

Die etwas andere Teeplantage

I ♡ shopping

NORMALERWEISE FINDET MAN TEEPFLANZEN HÖCHSTENS IN DEN (EHEMALIGEN) ENGLISCHEN KOLONIEN. DOCH NAHE TRURO IST EIN WUNDER GESCHEHEN. UND ES HEISST „TREGOTHNAN".

Man könnte es dem Golfstrom zuschieben, der kornischen Sonne oder dem unermüdlichen Charakter der Kornen, denn es gibt eine Teeplantage in Cornwall. Die Heimat der Boscawen Familie (und das schon seit dem Jahr 1335) ist heute der einzige Teeproduzent Englands, der auch selbst, auf heimischer Erde, anbaut. Ein „Close-up" bekommt man bei einem Besuch, den man allerdings mindestens einen Tag im Vorhinein online erbitten sollte. Da hier wirklich gearbeitet wird, ist man als Besucher am besten im kleinen Tee-Shop aufgehoben. Dafür ist dieser aber ein feiner Augenschmaus mit den schönen, bunten Teepackerln.

BESTE ZEIT ZUM BESUCHEN: „ANNUAL CHARITY GARDEN OPEN WEEKEND" (IM FRÜHLING, DATUM WECHSELT JEDES JAHR!) ADRESSE DES SHOPS: TRESILLIAN, TRURO, TR2 4AN, TEL. 01872 520000 WWW.TREGOTHNAN.CO.UK

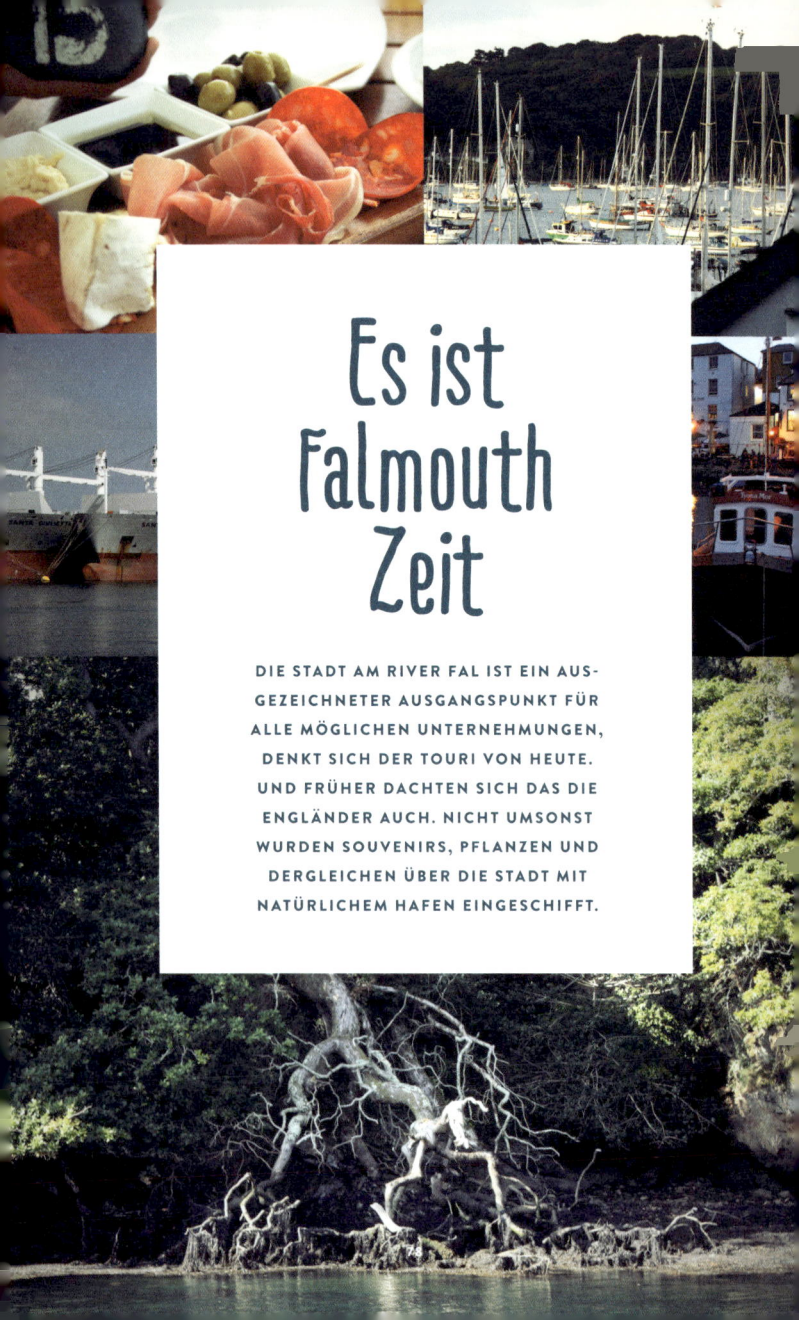

Es ist Falmouth Zeit

DIE STADT AM RIVER FAL IST EIN AUS-
GEZEICHNETER AUSGANGSPUNKT FÜR
ALLE MÖGLICHEN UNTERNEHMUNGEN,
DENKT SICH DER TOURI VON HEUTE.
UND FRÜHER DACHTEN SICH DAS DIE
ENGLÄNDER AUCH. NICHT UMSONST
WURDEN SOUVENIRS, PFLANZEN UND
DERGLEICHEN ÜBER DIE STADT MIT
NATÜRLICHEM HAFEN EINGESCHIFFT.

Heute erholt sich Falmouth nur durch den Tourismus vom Schock, dass die Seefahrt dann doch nicht der große Bringer im 20. Jahrhundert wurde – zumindest nicht für die Stadt am „River Fal"! In den Sommermonaten verdoppelt sich ihre Einwohnerzahl und – gefühlt – auch die Anzahl der Möwen, die einem schon früh morgens ins Ohr schreien, dass man gefälligst aufzustehen hat.

MÖWE = HAHN

Man lerne: Möwen sind die kornischen Hähne und statt Kikeriki beehren sie den Besucher minütlich mit einem krächzenden Laut, der selbst das Ohrenschmalz zum Erbeben bringt und zarte Gemüter auch nach dem härtesten Scrumpy Cider senkrecht im Bett sitzen lässt. Doch davon darf man sich nicht beeindrucken lassen – und dabei meinen wir weder die Touristenmassen noch die Möwen – denn man wird immer einen Tisch in Falmouth ergattern und die Straßen sind

im Sommer bei weitem nicht so zugekleistert wie in dem einen oder anderen Ort an der Adria. Das Wort „sanft" in Kombination mit Tourismus bringt hier einige große Vorteile mit sich. Es ist möglich, sich mit den Einheimischen zu vermischen, in Gespräche verwickelt zu werden oder auch einfach nur einen ganzen Urlaub ohne klaustrophobische Zustände zu erleben.

AUSGANGSPUNKT

Nicht nur, dass man hier einwandfrei einkaufen (Seasalt, Volcom, Animal, Ann's Cottage), studieren (Falmouth University) oder Museen (National Maritime Museum Cornwall) bzw. Burgen (Pendennis Castle) besuchen kann, die Stadt eignet sich als belebter Ausgangspunkt für unbelebtere Orte wie die Roseland Peninsula oder die Lizard Peninsula. Dort kann man den „South West Coast Path" nachgehen, oder sich einfach von einem kleinen, zuckersüßen Städtchen zum nächsten weiterhanteln.

STADT-MEER-FLUSS

„Auf dem River Fal sind wir Kapitän"- egal ob wir die Segel hissen, die Kajakpaddel in die Hand nehmen oder beim Motorboot auf die Tube drücken, der River Fal macht Spaß und zieht neben vielen einheimischen und touristischen Normalos auch Hollywood-stars an. In den verwachsen verwunschenen Buchten des Flusses wurde unter anderem „Die Schatzinsel" gedreht, außerdem lebt Pierce Brosnan angeblich hier in einem grünen Haus – gut getarnt mitten in Süd-westenglands saftigen Weiden. Bei einem Besuch schafften es die zwei Autorinnen dieses Buches (aka: wir!) gerade nicht, Brad Pitt über den Weg zu laufen, er war aber hier und drehte einen Film – wir schwören!

Eating and Going out in Falmouth

✓ **PROVEDORE.**
43 TRELAWNEY ROAD, TR11 4RE
TEL. 01326 314888,
WWW.PROVEDORE.CO.UK
GROSSARTIGER LUNCH,
NOCH BESSERE TAPAS.

✓ **THE GREENBANK HOTEL.**
HARBOURSIDE, TR11 2SR,
TEL. 01326 312440,
WWW.GREENBANK-HOTEL.CO.UK
DIE BAR WIRD AUCH GERNE VON
DEN EINHEIMISCHEN BESUCHT,
DA DIE COCKTAILS LEGEND –
WAIT FOR IT – DARY SIND!

✓ **HAND BEER BAR.**
3 OLD BREWERY YARD,
TEL. 01326 319888,
FACEBOOK.COM/HANDBEERBARUK

70 verschiedene Biersorten sind wohl schon Argument genug, um hier mal reinzuschauen.

National Trust

**ALS GRÖSSTE NATURSCHUTZORGANISATION EUROPAS KANN
SICH DER NATIONAL TRUST RÜHMEN. TUT ER ABER NICHT, ER
MACHT LIEBER EINFACH SEINE ARBEIT, UND ZWAR IN
ENGLAND, NORDIRLAND UND WALES NACH DEM RECHTEN ZU
SEHEN UND ZU SCHÜTZEN, PRÄSERVIEREN UND RENOVIEREN.**

Eine Vielzahl an Gebäuden, industriellen Bauwerken, Kirchen und Kapellen sind dem „National Trust" unterstellt. Die 1895 gegründete Dachorganisation kümmert sich darum, dass historische Häuser und Gärten beziehungsweise wertvolle Wald-, Strand- oder Moorgebiete geschützt bleiben. Dabei unterstützen sie mehr als 3,7 Millionen Mitglieder. Ihr Vorteil? Sie können gratis auf den National Trust Carparks parken und kommen gleichzeitig in alle Museen etc. for free. Dafür legt man dann ab 40 Pfund im Jahr hin. Doch da der „National Trust" gut drauf und von allen sehr angesehen ist, wird das gerne gemacht. (Nicht umsonst diese wahnsinnig große Mitgliederzahl!). Natürlich befinden sich auch viele National Trust Gebäude und Orte in Cornwall, nicht zuletzt die Küstenregion. 900 Kilometer Küstenlinie werden in ganz England vom „National Trust" be-

treut, das sind ganze zehn Prozent der gesamten Küste. Aus vielen der historischen Gebäude wurden mittlerweile Selbstversorgerunterkünfte oder eben B&Bs sowie Hotels gemacht. Wer einen ganz alternativen Urlaub möchte, kann sich auf der Homepage unter der Rubrik „Working Holidays" umschauen. Hier kann man für eine gewisse Zeit im Dienste des National Trusts aushelfen und dabei eine neue (Arbeits-)Welt kennenlernen.

**TIPP:
MITGLIEDSCHAFT FÜR BESUCHER
HEISST „TOURING PASS" UND KANN
WAHLWEISE FÜR 7 ODER 14 TAGE
AUF WWW.NATIONALTRUST.ORG.UK
GEKAUFT WERDEN.
KOSTENPUNKT: 23 PFUND.**

Lizard Halbinsel

JUWEL IM SÜDEN MIT LIEBEN DÖRFERN, TRIEFENDEN PASTIES UND ERSTAUNLICH WILDEN SANDSTRÄNDEN: DIE LIZARD HALBINSEL VERSPRICHT EINIGES UND KANN NOCH VIEL MEHR.

Gefürchtet war sie früher allemal: Die Lizard Halbinsel war sehr vielen Kapitänen ein Dorn im Auge (oder sollte man lieber sagen: eine Klippe im Kiel?). Doch die Untiefen und gefährlich schroffen Klippen haben auch zwei positive Seiten. Auf der einen Seite sehen sie verdammt beeindruckend aus. Sowohl rund um den südlichsten Punkt Englands (Lizard Point) als auch rund um die Kynance Cove ergeben sich beeindruckende Blicke. Wanderungen an den dortigen Strecken des „South West Coast Path" sind ein Muss für Gerngeher und ein Leckerbissen für Fotografen. Wenn man das Tele aufs Gehäuse schnallt, kann man durchaus auch Riesenhaie erwischen – Glück natürlich vorausgesetzt. Andererseits kommen Wracktaucher voll auf ihre Kosten. Wer also bereits mit Tauchschein und vielleicht zusätzlich noch mit dicker Haut ausgestattet ist, kann sich hier – beinahe – auf Schatzsuche begeben. Davon träumen sicher viele – uns miteingeschlossen. Damit die Vorfreude allerdings nicht zu groß ist: Die Kornen waren nicht dafür bekannt, ein besonders ehrliches Volk zu sein. Als Fischer und Minenarbeiter war das Geld sehr knapp und wenn ein gut beladenes Schiff vor ihrer Küste verunglückte, wurde alles, was nicht niet- und nagelfest (und wahrscheinlich selbst das!) war, mitgenommen. Daher: Wracks eher ja! Schatz etwas unwahrscheinlich!

SWEET OVERLOAD

Wie bei Menschen, verhält es sich auch bei der Lizard Halbinsel: Außen schroff, innen ganz lieb. Während sich die Felsen daran machten, die Boote listig zu zerkratzen, bildeten sich kleine Ansiedlungen wie St. Keverne, Helford, Manaccan oder auch Cadgwith, die das Bilderbuchcornwall echt werden lassen. Wir reden hier von reetgedeckten Cottages, allerliebsten Namensschildern und Blumen in Massen. Auch der härteste Rosamunde Pilcher-Hater schmilzt bei einem Spaziergang durchs butterweiche Helford dahin. Da hat ein Kind Muscheln gesammelt und bietet sie zum Verkauf für ein paar Pence an, dort verbreiten zwei Ladies vor dem Cottage gerade den neuesten Klatsch. Echtes englisches Dorfleben eben. Wobei St. Keverne und Cadgwith noch ein bisschen authentischer rüberkommen als Helford.

In Manaccan können wir übrigens das – sehr humor- und gleichzeitig stilvolle – „South Café" (Church Lane, TR12 6HR, Tel. 01326 231331) empfehlen. In Cadgwith geht man am besten – wie alle Einheimischen auch – ins „Cadgwith Cove Inn", oder kauft sich bei „Jonathan" einen guten Fisch, um diesen selbst zuzubereiten. Megaeinheimisch ist es übrigens, das Pubgetränk im Plastikbecher zu bestellen und sich zu den Fischerbooten in die Sonne zu setzen. Für die ganze Cadgwith-Experience kann man sich im Pub gleich ein Zimmer nehmen. Helford hat mit dem „Down by the Riverside Café" nicht nur Schuld an dem Wurm, den man gleich im Ohr hat, sondern auch am verboten guten „Origin"-Kaffee und wunderbaren Sitzplätzen im Grünen.

SÜDLICHER GEHT'S NIMMER

Wenn man sich irgendein Ende von England geben will, dann besser das südliche, als das westliche. Der Lizard Point hat viel mehr Ruhe, einen schöneren Leuchtturm und einen günstigeren Carpark zu bieten. Die Klippen sind ebenso beeindruckend, wie die von Land's End. Gleich in der Nähe – und zwar im Ort The Lizard selbst – sorgt das nette, relativ neu eröffnete Café und Restaurant „Coast Coffee Bar & Bistro" für Essen & Getränke nach einer windigen Wanderung. Ein Tipp, den euch wahrscheinlich auch jeder x-beliebige Reiseführer verraten kann, ist „Ann's Pasties". Angeblich die Besten weit und breit. Ob das daran liegt, dass die gute Ann ein bisschen presseverrückt ist? Für günstige Übernachtungen sucht man übrigens am besten eines der vielen B&Bs in Helston, weil das schon eine etwas größere Stadt ist und sich außerdem gut als Ausgangspunkt eignet.

TIPP FÜR MUTIGE WRACK-TAUCHER:

BEI „DIVE FALMOUTH" KANN MAN SICH ÜBER ALLES RUND UMS (WRACK-)TAUCHEN IN CORNWALL INFORMIEREN: THE WORKSHOP, 66 CARN BLEA LANE, POOL, TR15 3DS, TEL. 01209 843643, WWW.DIVEFALMOUTH.COM

Roskilly's

**VIELE, VIELE BUNTE KÜHE. DAS MARKENZEICHEN
DER EISCREME AUS LIZARD.**

Wohin das Auge in Cornwall reicht, leuchten einem in bunten Farben die Schilder der „Roskilly's"-Eiscreme entgegen. Die kalte Bio-Nascherei hat den Sprung in fast jeden Laden des Landes geschafft und erfreut sich größter Beliebtheit. Dazu kommt, dass man die „Roskilly's Farm" besuchen kann, um dort hinter die Kulissen des Eiscreme-Wunders zu blicken, kornische Produkte einzukaufen oder im „Croust House" gut zu schmausen. Die „Tregellast Barton Farm" (alias „Roskilly's Farm") ist angesagt bei Alt und Jung und auch im Rollstuhl sowie mit Kinderwagen angenehm zu besuchen und kostet keinen Eintritt. Man spaziert auf saftigen Kuhweiden, wird über den Alltag am Bauernhof informiert, kann beim Kühemelken zusehen und sich naturgemäß durch die vielen verschiedenen Eissorten und Fudges kosten. Und wer dann mit dem „Roskilly's"-Virus infiziert ist, bekommt in ganz Cornwall Nachschub für das neue Laster.

TIPP:

Nach dem Gaumenfest zum Surfen nach Kennack Sands (15 min.), Pentreath (30 min.) oder Porthleven (30 min.) zum Beispiel. Eher nicht für Anfänger.

**ROSKILLY'S
ICE CREAM & ORGANIC FARM
TREGELLAST BARTON, ST. KEVERNE,
HELSTON, TR 12 6NX
TEL. 01326 280479
WWW.ROSKILLYS.CO.UK**

Aus dem Leben des Fischers

NIGEL IST NICHT NUR FISCHER, SONDERN AUCH TOURISTEN-FÜHRER, „CRAB-POT"-HERSTELLER UND VOR ALLEM: KÜNSTLER. WIR TRAFEN IHN IM „COAST", DEM CAFÉ SEINER TOCHTER, IN THE LIZARD.

Beschreibe deinen typischen Tagesablauf?

Also, ich gehe meistens zwischen 7 und 11 Uhr fischen, dann starten die Boot-Trips oder ich bleibe einfach in meinem kleinen Hüttchen und male. Ich habe das große Glück, dass ich das alles in einem der letzten noch intakten Fischerdörfer Cornwalls machen kann.

Du bist doch auch dafür bekannt, dass du „Crab Pots" herstellst?

Ja – obwohl sie eigentlich nur mehr unwirtschaftlich sein können, habe ich mich nach wie vor darauf spezialisiert. Als einer der Letzten. „Crab Pots" sind Fallen für Krabben, die man ins Meer lässt. Hauptsächlich werden sie mir von der Filmindustrie aus der Hand gerissen. Die brauchen sie für ihre romantischen Cornwall-Filme.

Hast du einen Lieblingsfisch?

Ich mag Makrelen, Brassen, Steinbutt, Seeteufel und Sardinen. Besonders stolz bin ich, wenn mir eine Rotbarbe ins Netz geht. Zubereitet finde ich, dass die Fische am besten sind, wenn sie ohne viel Schnickschnack und vor allem ohne Sauce gemacht werden.

NIGELS TIPP:

• DAS „COAST CAFÉ" IN THE LIZARD NATÜRLICH.
• EINMAL EINEN ECHTEN, KORNISCHEN LOBSTER PROBIEREN.

(Kostet 15 bis 25 Pfund)

Das Cornish Pasty

EIN BUCH ÜBER CORNWALL SCHREIBEN UND DANN KOMMEN DIE NAHRHAFTEN TEIG-TASCHEN NICHT DARIN VOR? UNMÖGLICH! CHRISTINE UND SHARON LEGGE HABEN UNS IHR FAMILIENREZEPT GEGEBEN. BEI IHNEN WERDEN NÄMLICH GERNE HERVORRAGENDE PASTIES BESTELLT (TIEFGEFROREN ODER FERTIG ZUM JAUSNEN).

✳

450G WEISSES MEHL
125G MARGARINE
125G SCHMALZ/FETT
240 ML WASSER
1 EL SALZ

FÜLLUNG FÜR 1 PASTY:

✳

50G RÜBEN
50G ZWIEBEL
90G RINDFLEISCH
90G KARTOFFELN
SALZ UND PFEFFER

TEIG-ZUBEREITUNG:

PASTY-ZUBEREITUNG:

1 Mehl und Salz in eine Schüssel geben. Margarine und Schmalz dazu und ein wenig vermischen. Das kalte Wasser hinzufügen und alle Zutaten zu einem Teig formen. Den Teig während der Vorbereitungen für die Füllung in den Kühlschrank geben.

2 Die Rübe und die Zwiebeln schälen und in kleine Stücke schneiden. Die Kartoffeln schälen und in dünne Scheiben raspeln (2x1cm). Auch das Rindfleisch in kleine Stücke schneiden.

Tipp:
Den Teig schon am Tag davor
zubereiten!

mmmh!

Wie man das Pasty zusammendrückt

3 Den Teig ausrollen und mit einem Topfdeckel zum Beispiel in Kreise schneiden (Durchmesser ungefähr 20 cm). Den Großteil der Rüben und der Zwiebel auf dem Teig verteilen (ein wenig davon übriglassen für die oberste Schicht Füllung). Dann das Fleisch dazugeben und mit Salz und Pfeffer würzen. Nun die Kartoffel-„Chips" darauflegen und noch etwas nachsalzen. Der Rest Rüben und Zwiebel wird zur obersten Schicht.

4 Den Teig an zwei Enden aufheben und mit den Zutaten in der Mitte zusammenfalten und -pressen. Das Drücken des berühmten Randes an einem Ende beginnen, das Pressen und das Falten wechseln sich ab, bis man das andere Ende erreicht hat.

Thats how we make a Leggy's Pasty!

5 Den Ofen auf 180 °C vorheizen und dann für eine Stunde backen.

KLICKEN IN CADGWITH

Wer das echte Cornwall fotografieren will, der nehme seine Kamera auf einen Spaziergang im kleinen Fischerörtchen Cadgwith mit. Um dorthin zu gelangen, darf man keinesfalls das kleine Schild auf der Hauptstraße Richtung Süden übersehen. Dort angelangt, spaziert man durch Gässchen mit weißen, reetgedeckten Häuschen, trifft Katzen, Hunde, Fischer und deren Boote. Zumeist steht auch ein Traktor mitten am Strand. Er dient dazu, die Fischerboote aus dem Wasser zu ziehen. Einen schönen Blick auf das ganze Dorf hat man, wenn man den „South West Coast Path" ein bisschen in Richtung Norden spaziert. Der Anstieg lohnt sich wirklich – auf den hölzernen Bänken kann man verweilen und das Treiben im recht authentischen Örtchen beobachten und natürlich – fotografieren.

Eat Surf Live TRIFFT **Treasure Trails**

RÄTSELNOTIZEN ZWEIER KNOBELFREUNDE

Die Zusammenkunft von „Eat Surf Live" und „Treasure Trails" ließ kühnste Kindheitsträume Wirklichkeit werden. Beinahe zufällig im Tourismusbüro von Truro entdeckt, konnten klein Katharina und klein Vera nicht widerstehen und kratzten ein paar Pfund zusammen, um sich diese Idee im A5-Format zu sichern. Am nächsten Tag stand Helford am Plan.

WAS HABEN WIR GEMACHT?

Wir mögen zwar schon über ein Vierteljahrhundert alt sein, allerdings sind wir im Grunde genommen zwischen drei und sieben und lassen uns von pinkem Styling und Schatzkarten sehr leicht vereinnahmen. Gestartet haben wir in St. Keverne, einer kleinen Ministadt in der Nähe des Helford River. „Sweet" solle dort alles sein, versicherten uns die Einheimischen. Und das war es. Das war es wirklich!

DER ETWAS ANDERE „GUIDE"

Schnell lernten wir unseren neuen Guide besser kennen, der neben Wegbeschreibungen auch sogenannte „Clues" für uns bereit hielt. Der „Clue" hatte immer etwas mit dem Ort, an dem wir uns gerade befanden zu tun und war – trotz Englischstudiums (ähem) – schon oft sehr schwer zu lösen. Hatten wir die Lösung gefunden, konnten wir auf der Rückseite unseres Reisebegleiters den herausgefundenen Namen auf der Schatzkarte durchstreichen und weiter ging's im Sauseschritt!

Clue Beispiel:
„ To answer the clue there is no need to find. What has been taken – just what's left behind."

Na? Gar nicht so einfach, gell?

Wo ist der Schatz versteckt?

... der nächste „Hint":

Jetzt fehlt nur mehr ein Hinweis ...

... yeah gefunden!

LIEBES ST. KEVERNE

Neben dem großartigen Abenteuer, das in uns alle Schnitzeljagden unseres Lebens wieder aufleben ließ, kamen wir an Orte, die wir vom Fleck weg heiraten würden. Neben St. Keverne mit zuckersüßem Hauptplatz und zwei – sicherlich verfeindeten – Hotels („White Hart" und „Three Tuns") ist hier vor allem die Kirche und die Umgebung sehenswert. Diese durften wir übrigens sehr genau unter die Lupe nehmen, da wir uns bei „Direction 05" exakt fünf Mal vergingen und dann zwei Stunden, zwei Äpfel, zwölf Schweißausbrüche, einen Regenguss und 34 verwirrte Schafe später endlich ans Ziel – die Methodist Church – kamen. Die Wege waren einerseits verwachsen, andererseits offen und großspurig zum Meer hinaus, innerhalb von nur 15 Minuten Gehzeit trafen wir Schafe, Kühe, Pferde, Hunde und Katzen, aber keinen einzigen Menschen – ein Traum!

WEITER GEHT'S ...

... nach Manaccan. Noch lieber. Noch idyllischer und noch dazu mit einem ultracoolen Café ausgestattet, in dem sich auch an nicht so astreinen Sommertagen die Gäste unter freiem Himmel tummeln: Dem „South Café" (Church Lane, Manaccan, TR12 6HR, Tel. 01326 231 331, www.south-cafe.co.uk) Hier kam der zweite Hunger auf, den wir mit Cheddar-Chips (ups...crisps) erfolgreich bekämpften. Und als an diesem Ort alle Rätsel gelöst waren, leitete uns die Schatzkarte weiter nach Helford, einem Ort, wie wir ihn noch nie gesehen haben. Die Gucker fielen uns beinahe heraus, als wir dieses verschlafene Dorf mit Häusernamen wie „Christmas Cottage" oder „Wednesday Cottage" etc. vor uns auftauchen sahen. Reetdächer, weiß getünchte Wände und ein Meer voller Blumen vor jedem einzelnen Haus – das Cornwall unserer Träume.

UND DIE LÖSUNG IST???

Das wird dir (du neugierige Gurke!) sicher nicht verraten! Denn wir wissen es selbst nicht. Wir konnten alles ausschließen, bis auf zwei mickrige kleine Sachen und jetzt tümpeln wir in Unwissenheit vor uns hin. Nicht einmal die freundliche Kellnerin im „Down by the Riverside Café" konnte uns erlösen. Somit hast du ab jetzt eine Mission: Komm' nach Helford, löse das Rätsel und teile die Lösung mit uns, wir werden dich danach ein halbes Leben lang huldigen – mindestens!

Kynance Cove

Es gibt wenige Orte, die bei jedem Wetter rocken. Kynance Cove ist so einer (vielleicht, weil es hier so viele „rocks" gibt???). Schon gleich nach dem Parkplatz am untersten Zipfel der Lizard Halbinsel genießt man einen atemberaubenden Blick auf den Strand und die Klippenlandschaft. Gute Schuhe sind von Vorteil, wenn man die Küstenpfade zum Strand runterklettert. Unten sind dann bei schönem Wetter viele Leute und bei windgepeitschtem Regenfall kann es durchaus passieren, dass man das Naturwunder ganz für sich alleine hat. Für Notfälle aller Art (Hunger, Klo, etc.) gibt es auch ein Café, allerdings gibt ein Picknick im Sand sicherlich mehr her (und sorgt bestimmt für quietschende Zähne). Wer Kynance Cove besucht, kann davon ausgehen, nass zu werden, auch ohne ins Wasser zu gehen, denn hier haben die Wellen selbst bei freundlichem Wetter eine solche Kraft beim Brechen, dass ein steter Nieselregen auf den Sandstrand tröpfelt. Bei Kynance Cove – für viele Einheimische der schönste Strand Cornwalls – gibt es viele Höhlen zu entdecken. Alle tragen sie lustige Namen wie „The Kitchen", „The Drawing Room" oder „The Devil's Mouth". Wer sich hier unters fröhliche Volk mischen möchte und sich mit Bodyboard oder „nur" mit dem Wetsuit bewaffnet in die Fluten schmeißt, sollte sich stets bewusst sein, dass es hier eine starke Strömung gibt und somit Achtung geboten ist!

Original Origin Coffee

KAFFEETRINKER HABEN IN CORNWALL
GUT LACHEN, DENN VIELE CAFÉS UND
RESTAURANTS (BEVORZUGT DIE MIT
DEN GUTEN KÖCHEN!) HABEN AUF EINE
RÖSTEREI GESETZT: ORIGIN. WER ALSO
AM EINGANG DEN SCHRIFTZUG „ORIGIN
COFFEE IS SERVED HERE" SIEHT, DER
WEISS: HIER KRIEGT ER KAFFEE AUF
ITALIENISCHEM NIVEAU.

Tom Sobey

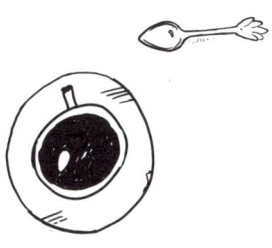

Wem haben wir das zu verdanken? Verneigt euch vor ... Trommelwirbel ... Tom Sobey! Schon im zarten Alter von acht Jahren durch das Business seiner Eltern mit Kaffee in Berührung gekommen und erfolgreich dem Duft erlegen, gründete er mit 26 Jahren eine Kaffeerösterei in der Nähe von Helston.

GUTER DRAHT NACH SÜDAMERIKA

Inzwischen hat er 16 Mitarbeiter unter sich und sehr gute Kontakte zu Kaffeeplantagen in Südamerika. „Vieles wickeln wir über die Organisation ‚Fair Trade' ab, einiges machen wir aber auch selbst. Dann produzieren unsere Partner Bohnen nur für uns und werden dafür auch gut entlohnt", erklärt er das Konzept seines jungen Unternehmens. „Aber ohne die Unterstützung von einigen Cafés in Cornwall, hätten wir uns nicht zu dem entwickeln können, was wir heute sind." Stets mit einem Lächeln auf den Lippen und charmant blickenden blauen Augen (Hugh Grant?) zeigt er uns seine Kaffeesäcke und das Herzstück,

die beinahe klimaneutrale Röstmaschine, die „nicht wirklich günstig" war. Nachdem wir beschlossen hatten, dass wir in dieser Atmosphäre und mit diesem Kaffee in den Venen einmal arbeiten möchten, ließ Toms Mitarbeiter noch den wahren Titel vom „Chef" fallen: „Er ist der Rick Stein des Kaffees". Und da müssen nicht nur wir ihm Recht geben, das haben auch schon die Lokalitäten „fifteen", „Porthmeor" und „Appletree Café" sowie das „Eden Project" und natürlich das Restaurant von Rick Stein „himself" getan, indem sie auf den „Coffee aus Cornwall" setzen.

ORIGIN ORDERN:
WWW.ORIGINCOFFEE.CO.UK

DEN DREH RAUS HABEN?
ORIGIN BIETET AUCH KURSE AN. DIE
INFOS DAZU GIBT'S AUF DER
HOMEPAGE, DIE ADRESSE GLEICH
HIER: THE ROASTERY;
WHEAL VROSE BUSINESS PARK
HELSTON, TR13 0FG
TEL.: 01326 574337
INFO@ORIGINCOFFEE.CO.UK

Viele sind gekommen, um zu bleiben ...

PENWITH HALBINSEL

Bekannte Surfer-Strände,
der magische St. Michael's Mount,
die Kornen-Stadt Penzance und die
geschichtsträchtigen Minen prägen
das Leben auf dieser Halbinsel.
Authentisches, Zugezogenes und viel
Charakter machen diesen Platz
liebenswert und unvergesslich.

Die Ladies von der Peppercorn Kitchen

PEPPERCORN KITCHEN

DAS MOTTO HIER IST „TO SERVE WITH LOVE". JENNI IST GEBÜRTIGE ST. IVES-LERIN, GROSSVATER UND VATER BESASSEN EINEN FISCHLADEN IN DER FISH STREET. LISA WURDE NICHT IN CORNWALL GEBOREN, KAM ABER WEGEN DER ARBEIT ALS LEHRERIN HIERHER UND WOLLTE DANN NICHT MEHR WEG ...

"Summer in a Glass"
£2-50.

Jenni & Lisa

Die beiden leidenschaftlichen Köchinnen fanden Inspiration im Buch „Chocolat" und im Londoner Café „Ottolenghi", was sie 2009 dazu brachte, ihr eigenes Café aufzumachen. Ihnen ist wichtig, dass sich die Menschen in ihrer „Peppercorn Kitchen" wohl fühlen. So zeigt uns Jenni das sogenannte „IOU-Book", in dem die (Stamm-) Gäste die offene Schuld aufschreiben, wenn sie nicht genug Geld dabei haben. Und das Schöne dabei: Es kam noch nie vor, dass einer die Zeche geprellt hat. Aber sie wollen ja nichts verschreien ... und dann lachen sie wieder, denn die oberste Prämisse ist es, bei dem was sie tun, Spaß zu haben, und sich nicht um mögliche Zechpreller Sorgen machen.

Das Café ist im wunderschönen Dörfchen Perranuthnoe zu Hause und kredenzt angefangen von Suppen, Sandwiches, Seafood bis hin zu Schaumgebäck und Torten, Speis und Trank in allen Variationen und Geschmacksrichtungen mit immer wieder internationalem Einfluss. Insbesondere Nordafrika, der Nahe Osten und Mediterranes werden da gerne in die Küche gelassen. Hingehen in die Peppercorn Kitchen macht Spaß, das Weggehen nicht.

LYNFIELD YARD, PERRANUTHNOE, PENZANCE, TR20 9NE, TEL. 01736 719584 / 07907 691639 WWW.PEPPERCORNKITCHEN.CO.UK

SCHNELL GEFRAGT:

Welche anderen Lokale in Cornwall könnt ihr weiterempfehlen?

The „Cornish Range" in Mousehole zum Beispiel und das „Spinacios" in St. Ives. „The Godolphin Arms" in Marazion und „The Coldstreamer" in Penzance sind auch toll.

Wo geht's denn für euch zum Schwimmen hin?

In Penzance gibt es einen wunderschönen Pool, den „Jubilee Pool". Ins Meer geht es am besten beim Battery Rock Beach gleich neben dem Pool oder Nähe „Gurnard's Head".

Welche kornischen Feste sollte man kennen?

Bekannt ist der Tom Bawcock's Eve am 23. Dezember in Mousehole mit dem „Stargazy Pie". Dieser zeichnet sich dadurch aus, dass die Fischköpfe aus dem Pie oben herausragen... Dann im Juni das „Golowan Festival" mit dem „Mazey Day" in Penzance. Dort feiert man Mittsommer, es gibt regionale Gerichte und Live-Musik.

7
1¼
5 - 6
10 Tbsp
5 whe
5 hp Pa

51 water

a bunch of

Put the lentils.
Onions in a lidde
and bring to the b
steam. Partially co
heat to low and cor
minutes. Add the sal
potato masher.

Heat the oil until v. hot
As soon as the darken, ad
8½ rice and add the remaining
fry until the onions are brow
mixture in with the lentils.

Lisas Rezept für äthiopischen Linseneintopf

05.27

Sausage

Bangladeshi red lentils with ...phoran

...red lentils
...turmeric
...ions sliced
...salt ·
...oil
...ed chillies
...an (1 tsp of each) fennel seeds
...40 = 2 tsp of   2 mustard "
...each)   fenugreek "
cumin "
nigella "

	× 40	× 80
	1500g	4kg
	2½	5
	10	20
	12	24
	20 (300ml)	
	10	...
	20	
20g		
fenugreek	20s	
cumin	20s	
nigella	2s	
	2.0 L water	

...water

... half the
... the water
... off the
... reduce the
...ender (40-50
... use a

...chillies
... nekphoran
...Stir

Ethiopian
Spicy Lentil Stew
(Yemiser W'et)

1 tsp cumin (ground)
190g lentils
180g onions, chopped
2 × garlic cloves, chopped
60 ml ghee / clarified butter or Veg oil
1 tbsp berbere spice
1 tbsp paprika
400 ml tomatoes, chopped
60 ml tomato paste
240 ml veg stock
180 g peas
S.t.P.

Rinse lentils, place in pan + cover
in water & cook until soft 20mins
(approx.) drain + set aside.
(- Reserve stock for later.)

Fry the onions in the ghee until
onions are translucent. Add
berbere spice, cumin & paprika. Add
the toms. + tom. paste. Simmer
for 10 mins. Add stock and continue
to simmer. Add lentils + peas.
Season to taste.

111

MARAZION

Fünf Autominuten, 15 Busminuten und wahrscheinlich 65 Gehminuten von Penzance entfernt befindet sich das Dörfchen Marazion, das speziell für den St. Michael's Mount bekannt ist. Von allen Ecken Marazions zu erspähen, gibt dieser frühere Pilgertreff dem Ort besonderes Flair. Will man dorthin, geht es entweder im Boot oder bei Ebbe auch zu Fuß zur Gezeiteninsel, die das einstige Kloster/Fort samt Felsengarten beheimatet. Manche Kornen meinen, dass hier starke Kraftlinien („ley lines") zusammentreffen, die dazu führen, dass die Menschen von diesem Ort besonders angezogen werden. Wer es weniger energiegeladen mag, beziehungsweise nicht den Pilgerrucksack aufgeschnallt hat, kommt zum Windsurfen nach Marazion. Oder um sich im relaxten „Ben's Cornish Kitchen" oder dem freundlichen „Café Delicious" verzaubern und verwöhnen zu lassen. Wer keine Lust auf Drinnen hat, der nehme sich die fixfertig zusammengestellten Picknickkörbe aus dem „Delicious" nach draußen zum Strand oder zum Spazieren mit.

TIPP:
MIT DEM RAD NACH PENZANCE
ODER DIE 19,5 KM ZU FUSS NACH
ST. IVES/LELANT AUF DEM
„ST. MICHAEL'S WAY"
(DIESER IST TEIL DES ENGLISCHEN
JAKOBSWEGES).

113

Meet Mod von den Global Boarders

ALTERNATIVE SURFKURSE MIT GUTEM GEWISSEN: DAS SIND DIE „GLOBAL BOARDERS" IN MARAZION. DORT HABEN WIR UNS AUCH MIT MOD GETROFFEN.

Wie lange macht ihr das schon?
Seit fünf Jahren und wir wurden von Beginn an mit Preisen ausgezeichnet, vor allem, weil wir Surfen mit Nachhaltigkeit und sozialen Projekten verbinden.

Inwiefern unterscheiden sich die „Global Boarders" von anderen Surfschulen?
Wir sprechen nicht unbedingt das junge Partyvolk an, das für gewöhnlich in Newquay bleibt, wir bieten auch kein richtiges Surfcamp, sondern nur Stunden und Tage voller Surfen, Spaß und gesunder Bewegung. Wir arbeiten zum Beispiel auch mit behinderten Kindern.

Wie bekommt man die ultimative Global Boarders-Experience?
Natürlich bekommt man auf den Tagesausflügen viel mehr über die Umgebung und das Drumherum mit. Wir erzählen in unseren Kursen Interessantes über das Meer und die Welt, in der wir leben. So beginnen unsere Kunden zu begreifen, wie alles ineinander greift und dadurch funktioniert und sie haben schlussendlich einen nachhaltigeren Ansatz

zum Surfen als solches. Zu diesen „Surf Experience Days" nehmen wir höchstens sechs Personen pro Tag mit, bei zwei Trainern können es auch acht bis zehn sein, dann kann der eine Trainer nämlich vom Strand aus arbeiten, während der andere wirklich mitten unter den Surfern im Wasser ist.

Wie kann man nachhaltig surfen?
Wir sind Mitglieder von „Cornwall Sustainable Tourism" und wir unterstützen die „Green Wave Mission". Uns geht es auch darum, wo unsere Ausrüstung herkommt und wie wir uns darum kümmern. Unsere Wetsuits sind zum Beispiel in fairen Arbeitsbedingungen in Cornwall hergestellt worden.

Wann hast du begonnen zu surfen?

Ach, viel zu spät. Ich war fast 30! Aber ich wünschte, ich hätte früher angefangen, dann ist alles viel einfacher. Je später man beginnt, desto mehr mögliche Konsequenzen kalkuliert man ein, außerdem tut alles gleich viel mehr weh. Aber das ist auch gut so, weil so kann ich älteren Leuten, die surfen lernen wollen, bessere Hilfestellungen geben, da ich genau verstehe, wie es ihnen geht.

Kann man hier im Winter eigentlich auch surfen?

Ja klar, allerdings kann man maximal eine Stunde im Wasser zu bleiben. Im Winter gibt es allerdings auch die größeren Wellen.

MODS SURFTIPPS:
PERRANUTHNOE,
HAWK'S POINT UND
NATÜRLICH – GWITHIAN
WWW.GLOBALBOARDERS.COM

Meet Orange Trevillion vom Mount Haven Hotel

SIE HAT IHRE ENGLISCHE SPEZIALITÄT FÜR SICH ENTDECKT: CORNWALL IST ORANGES LECKERBISSEN UNTER DEN GRAFSCHAFTEN.

Was ist das Besondere an Cornwall?

Es ist einfach ein verführerischer Ort, den man mit nichts Anderem vergleichen kann. Der St. Michael's Mount hat eine ganz besondere Ausstrahlung. Hier laufen vier „ley-lines" zusammen, somit hat diese Insel eine ganz spezielle Energie, die viele Menschen auch spüren können.

Wie ist es dazu gekommen?

Wir sind jahrelang immer schon in genau das Hotel Urlaub gefahren, das wir uns schlussendlich auch gekauft haben. Dann wurde das Hotel komplett umgebaut, jetzt kann man von fast überall den St. Michael's Mount sehen, das war mir sehr wichtig.

Hatten Sie bereits Berufs-erfahrung in der Gastronomie/in Hotels?

Überhaupt keine. Ich war in der Werbebranche tätig. Allerdings kamen wir immer in dieses Haus, das schon 1840 ein „Coachhouse" war. Natürlich hat zu diesem Zeitpunkt alles ganz anders ausgesehen. Das Restaurant war voller Rüstungen, Waffen und Wappen und es spukte fürchterlich.

Sie sagten etwas von Geistern...gibt es die noch immer im Mount Haven?

Nein, wir haben hier alles von Geistern befreit. Ein Haus, in dem immer Leute kamen und gingen, da bleibt einfach auch was hängen. Jetzt sollte alles wieder in Ordnung sein.

Welche Rolle spielt das Surfen in Ihrem Leben?

Mein Sohn hat eine eigene Surfschule und ein Surfcamp in Marokko aufgemacht. Wir waren früher auch oft in Südwestfrankreich zum Surfen, da es auch ein Hobby meines Mannes war. Unser ganzes Leben hat sich rund ums Surfen entwickelt.

ORANGES TIPPS
RESTAURANT: KOTA (PORTHLEVEN)
ORT: ST. MICHAEL'S MOUNT & KÜSTE
ZWISCHEN LAMORNA
UND LAND'S END
(DORT GIBT ES STRÄNDE, DELFINE,
SEELÖWEN ...)

MOUNT HAVEN

Wenn man so wie wir nach einem langen Marsch von Midtown Marazion völlig fertig am „Gipfel" – soweit das bei einer so flachbusigen Dame wie Cornwall möglich ist – ankommt (vor allem, weil man zu blöd war, bei der richtigen Bushaltestelle auszusteigen), ist man zuerst einmal überwältigt vom schönsten Ausblick, den man hier weit und breit ergattern kann. Das blaue Meer, der graue St. Michaels Mount und die blasse Ahnung der Stadt Penzance im Hintergrund setzen das Hotel schon ganz gut in Szene. Doch eigentlich würde das „Mount Haven" das auch alleine schaffen mit seinen babyblau-weißen Zimmern, die ganz nebenbei noch mit jeder Menge Geschmack ausgestattet sind. Hand in Hand mit einem großen Balkon macht ihnen so schnell niemand etwas vor. Doch wer hier ist, sollte unbedingt auch die eine

oder andere Serviceleistung in Anspruch nehmen. Egal, ob es die traumhaften Scones zum Cream Tea auf der Terrasse – mit St. Michael's Mount Blick (eh schon wissen) – oder das auf der Zunge galoppierende Abendessen sind. Aber Achtung: Probiert man Letzteres, kann es durchaus passieren, dass man auf einmal nirgendwo anders mehr essen will, da das Brot so gut, die Butter so salzig, der Wein so temperiert, das Fleisch so perfekt, das Gemüse so frisch und die Nachspeise so süß ist.

MARAZION, PENZANCE, TR17 0DQ
TEL: 01736 710249
WWW.MOUNTHAVEN.CO.UK

118

PENZANCE

VIELERORTS HÖRT MAN, DASS ES HIER NOCH RICHTIG KORNISCH ZUGEHT. EIN ORT, UM NEBEN DEN EINHEIMISCHEN IM CAFÉ ZEITUNG ZU LESEN.EIN ORT, UM BEI KONZERTEN ZU SCHUNKELN. UND - FÜR VIELE - EIN ORT ZUM BLEIBEN.

PENZANCE...

... ist die letzte Haltestelle auf der Eisenbahnstrecke London-Cornwall. Also: Jetzt wird es aber wirklich Zeit, dieses schöne Fleckchen Erde zu betreten. Hier kannst du die geballte Power des Countys über dich ergehen lassen, in Penzance erwarten dich nämlich 100% echtes, unverblümtes Cornwall.

OHNE VIEL KLIMBIM

Magst du Schnörkel und „Cath Kidston", dann kann dich Penzance auf den ersten Blick etwas enttäuschen. Aber schau genau hin: Alte und urige Pubs wie das „Admiral Benbow" reihen sich neben moderne, hippe Plätze wie das „Art Residence Hotel". Second Hand und ein bisschen Trash haben an anderen Plätzen Cornwalls nichts zu suchen, hier kannst du noch Echtes und Ehrliches aufstöbern. Nicht umsonst ist Penzance ein Platz, an dem sich viele Musiker austoben (zum Beispiel im angesagten „The Vault").

EINIGES IM ANGBEOT

Man findet urige Delikatessen-Läden oder den gut sortierten Buchladen „The Edge of the World Bookshop" in der Market Jew Street. Gutes Essen ist in der Penwith-Stadt natürlich auch ein Thema: Das vegetarische und sehr beliebte Lokal „Archie Brown's" in der Bread Street ist nach Meinung der Einheimischen ein echtes Must. So auch das „Honey Pot Cafe" in der Parade Street.

WOHLTUENDE ERFRISCHUNG

Gut essen kann man angeblich auch im „Jubilee Pool Café". Eigentlich ist dieser Art déco Pool an der Promenade aber DER Ort, um sich mal ohne Wellengang ins Wasser zu werfen. Danach kann man ja zum Aufwärmen eine gute Tasse Tee oder Kaffee bei „Mr. Billy's" am Market Place schlürfen.

**TIPP: PENLEE HOUSE
GALLERY AND MUSEUM
MORRAB ROAD, TR 18 4HE
TEL. 01736 363625
WWW.PENLEEHOUSE.ORG.UK**

TIPP: ART RESIDENCE PENZANCE
20 CHAPEL STREET, PENZANCE,
TR18 4AW, TEL. 01736 365664
WWW.ARTHOTELCORNWALL.CO.UK

Hotel und Galerie. Jung und frech. Austoben und ausspannen. Zeitgenössisches Design im 17. Jahrhundert-Bau. Arts Kitchen Cafe und Ausstellungen. Bunt und Vintage. Gratis Internet und Kuchenbuffet. Sonntagsbrunch und Themenabende. Hingehen und zumindest anschauen.

BILBO

THE HERO

BILBO IST ETWAS GANZ BESONDERES –
ER IST NICHT NUR BEIM JÄHRLICHEN
„NEWLYN TO PENZANCE OPEN WATER SWIM"
MITGESCHWOMMEN (UND SCHNITT DABEI IM
GUTEN MITTELFELD AB), SONDERN WAR AUCH
JAHRELANG ALS LIFEGUARD IN SENNEN TÄTIG.
WIR TRAFEN IHN MIT SEINEM STOLZEN
HERRCHEN STEVE.

Hallo Steve! Wie lebt es sich so neben einem Star wie Bilbo?

Eigentlich ganz gut. Wenn man damit klar kommt, dass ein Hund mehr Freunde auf „Facebook" und auf „Twitter" hat, als man selbst. Bilbo wurde ja sogar als „Pet Hero" im Londoner Regent's Park ausgezeichnet. Dafür war er im Luxushotel untergebracht – er hat es geliebt.

Wie kann man sich einen Hund als Lifeguard vorstellen?

Bilbo war immer mit am Strand und hatte dabei einen gelb-roten Lifeguard-Umhang an. Hauptsächlich half er bei der Aufklärung von Strandbesuchern und als Vermittler zwischen ihnen und uns Lifeguards. Denn wir haben in England einen schweren Stand: Viele denken von uns, dass wir den ganzen Tag nichts Besseres tun haben, als hübschen Mädchen nachzuschauen. Durch Bilbo sind die Leute und vor allem die Kinder mit uns ins Gespräch gekommen und so auch darüber aufgeklärt worden, dass sie zwischen den Flaggen schwimmen und bei hohem Wellengang besser nicht ins Wasser gehen sollen. Ob ihr es glaubt, oder nicht: Bilbos bloße Anwesenheit hat die Zahl der Rettungseinsätze von rund 100 auf drei pro Jahr vermindert!

Hat Bilbo eigentlich jemals jemanden richtig gerettet?

Ja – das hat er. Er ist ein sehr guter Schwimmer, auch wenn der Wellengang heftig ist. Er wurde gut trainiert und wusste, dass er mit seiner Boje zuerst um den in Not Geratenen herumschwimmen muss, damit dieser sich nicht an Bilbo selbst, sondern an der Boje festhält. Dreimal hat er so jemanden aus dem Wasser gezogen.

Und warum arbeitet Bilbo jetzt nicht mehr in Sennen?

Tja – die Lifeguards wurden von einer großen Firma übernommen und die meinten, dass der Strand kein Ort für einen „dummen Hund" sei. Somit habe ich dort aufgehört. Jetzt ist die Rate der jährlichen Einsätze stark gestiegen. Was soll ich sagen? Bilbo und ich touren jedoch noch durch Schulen und klären die Kinder über sicheres Verhalten an Stränden auf.

AND ALWAYS REMEMBER! BILBO SAYS: SWIM BETWEEN THE FLAGS! WWW.BILBOSAYS.COM

MOUSEHOLE

VON DEN MENSCHEN, DIE HIER
ZU HAUSE SIND UND VON DENEN,
DIE HIERHER ZU BESUCH KOMMEN.

Mousehole ist Schauplatz verschiedenster Geschichten. Zum Beispiel für die Abenteuer der bekannten „Mousehole Mäuse" aus dem gleichnamigen Kinderbuch Ganz aktuell im Jahr 2013 ist Mousehole Lebensmittelpunkt von Emma, Beccy, Ben und Co.

Emma Mustill vermietet über „Hidden Hideaways" Cottages und Wohnungen in der Umgebung. Ben und Beccy Marshall sind der Inbegriff des kornischen Surferpärchens (blond, lange Haare, gut-gelaunt und braungebrannt). Aber diese stereotypischen Merkmale sind nicht das Einzige, was die beiden ausmacht: Sie betreiben das wunderschöne „Sandpiper Holiday Studio" sowie das Geschäft „Sandpiper Gallery," töpfern und fahren natürlich so oft wie möglich nach Gwenver zum Surfen.

Emma, Ben und Beccy sind Teil der Community Mouseholes, die wie so oft in den Ortschaften Cornwalls superkleberfesten

Ben & Beccy

Zusammenhalt bietet. Für Besucher bietet Mousehole vor allen Dingen gute Restaurants wie „The Old Coastguard" (The Parade) oder das „2 Fore Street".

Nach dem Essen kann man die Spazierschuhe anschnallen und durch das Örtchen schlendern, um sich von versteckten Gärten und unerwarteten Hexenhäuschen überraschen zu lassen. Oder pack' die Badehose ein und erkunde den Hafen.

Mousehole erlangte viel Ruhm und Ehre durch die Lichterarrangements vor Weihnachten. Also: Wer es noch nicht in Erwägung gezogen hat – Winterurlaub in Cornwall soll angeblich ganz viel hergeben – stürmische See, relativ angenehme Temperaturen (in englischer Temperaturempfindung gemessen) und interessante sowie komische Traditionen, die es zu bestaunen gilt.

WWW.HOLIDAYINMOUSEHOLE.CO.UK
WWW.SANDPIPERGALLERY.CO.UK
WWW.HIDDENHIDEAWAYS.CO.UK

~~~~~~~~~~~~~~~~~~~

EMMAS TIPPS FÜR´S
NAHEGELEGENE NEWLYN:

· ·

DIE „NEWLYN ART GALLERY"
(TEL. 01736 363715) UND DAS
SPITZENESSEN IM „TOLCARNE INN"
(TEL. 01736 363074).

~~~~~~~~~~~~~~~~~~~

TIPP VON BECCY:

· ·

„SURF ACTION" – EINE CHARITY, DIE
DARAUF SPEZIALISIERT IST, KRIEGS-
VETERANEN UND DEREN FAMILIEN
DURCH DIE POSITIVEN AUSWIRKUNGEN
DES SURFENS BEIM VERARBEITEN
TRAUMATISCHER ERLEBNISSE ZU HELFEN.
IMMER WIEDER IN AKTION AUF
CORNWALLS STRÄNDEN.

WWW.SURFACTION.CO.UK

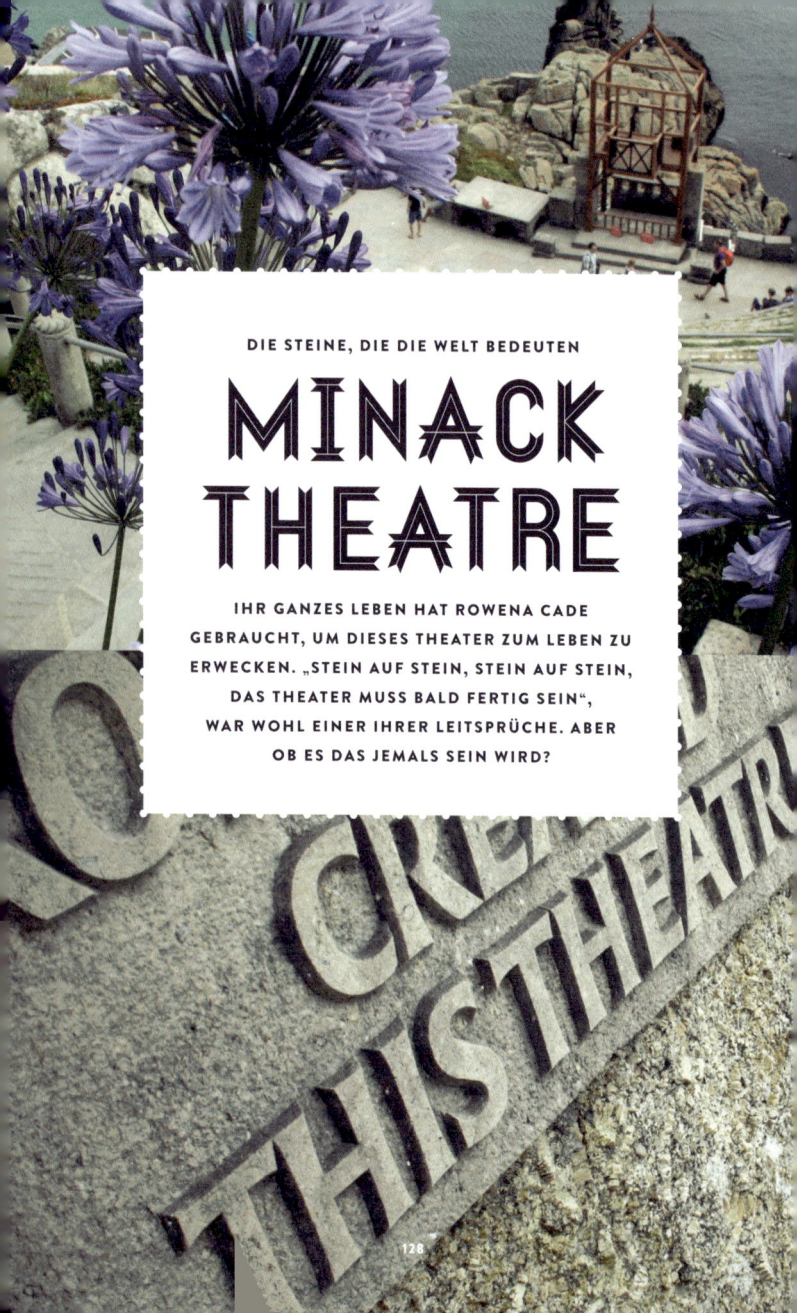

MINACK THEATRE

IHR GANZES LEBEN HAT ROWENA CADE GEBRAUCHT, UM DIESES THEATER ZUM LEBEN ZU ERWECKEN. „STEIN AUF STEIN, STEIN AUF STEIN, DAS THEATER MUSS BALD FERTIG SEIN", WAR WOHL EINER IHRER LEITSPRÜCHE. ABER OB ES DAS JEMALS SEIN WIRD?

Einer der Manager, Phil, sagt, dass sie als Letztes den Backstage-Bereich für die Schauspieler gebaut haben und sie immer darauf achten, dass alles am neuesten Stand der Technik ist und dies auch bleibt. Er schiebt im Sommer Elf-Stunden-Schichten, beschwert sich aber nicht darüber. „Im Winter ist es dafür ein wenig ruhiger", lächelt er. Hier hat er schon als Student angefangen, sein mageres Taschengeld aufzubessern. Damals in den 70ern war auch Rowena, schon fast 80-jährig, noch stets am Bauen. Ihr letztes Werk waren die Torbögen in Richtung Backstage-Bereich. Sein Blick schweift ab über die Szenerie von Porthcurno Beach, dem Minack Theatre und dem Ozean. Wahrscheinlich denkt er an die abendliche Vorstellung, bei der das Sonnenlicht wieder perfekt auf die felsigen Klippen fallen wird und so eine natürliche, goldene Umrahmung bringt für die Schauspiele, die hier gegeben werden. Ein unbezahlbarer Anblick. Während der „Sendepause" zwischen Vormittags- und Abendvorstellung ist keinesfalls Funkstille. Besucher aus aller Herren Länder tummeln sich auf den Steinen, die für Rowena die Welt bedeutet haben. Raufsteigen auf den Balkon, an dem schon „Julia" stand und runtergrinsen. Die Besucher genießen das Sonnenlicht auf den Sesseln, die eingemeißelt die Namen der berühmtesten, hier aufgeführten, Stücke tragen. Und auf den steinernen Sitzen fühlt man sich gleich „very important", denn sie sind nach Bühnenhelden wie „Othello", „Die Schöne und das Biest", „Hamlet" oder auch „King Lear" benannt.

**PORTHCURNO,
PENZANCE, TR19 6JU
TEL. 01736 810181,
WWW.MINACK.COM**

AUTOBAHN?

DEN BENZINBRÜDERN UND FREUNDEN VIELER PFERDESTÄRKEN SEI GESAGT: CORNWALLS STRASSEN SIND NICHTS FÜR EUCH. HALTET EUCH FERN, DENN …

… mit wenigen Worten beschrieben: Diese Straßen sind schmal, kurvenreich und links befahren. In vielen Orten gilt noch dazu das Motto „Twenty is plenty". Also 20 Meilen pro Stunde sind genug und das wird auch so gehalten. Rasen kann man vielleicht noch am ehesten auf der A 30, aber sonst besser die Pferdestärken runterdrosseln und sich auf gemütliches Fahrtempo einstellen.

Cornwalls Straßen sind in der Regel von Hecken oder bewachsenen Mauern gesäumt. Immer wieder gehen sie überraschend auf eine Breite zusammen, die nur noch Platz für ein Auto lässt. Es kommt also öfters vor, dass man Autonase an Autonase zu stehen kommt, sich ein bisschen aneinander reibt und einer dann brav und aus echter kornischer Höflichkeit zurückschiebt. Daher die sogenannte „Cornish Wave" gleich mal zu Beginn einprägen. Dieser Handgruß wird dann als Dankeschön dem Gegenüber zugeworfen und alles ist gut.

Diese Straßen sind einmalig, lasst sie euch nicht entgehen! Hier ist jede Autofahrt ein kleines Abenteuer!

POLGOON

UM NACHZUSCHMECKEN, WAS AUF ENGLISCHEM BODEN SO WÄCHST, SOLLTE MAN SICH ZUM WEINGUT POLGOON IN DER NÄHE VON PENZANCE AUFMACHEN.

DIE COULSONS

Die Coulson-Familie war früher mal ganz typisch im Fisch-Business tätig. Dann mussten sie umziehen, da die Familie größer und das Haus zu klein wurde. Das neue Heim brachte gleich genug Grund mit, um dort Pflanzen anzubauen und da hatten die Coulsons die Idee, Weinbau in England auszuprobieren.

WHY NOT?

Trotz der teilweise für die Trauben fiesen Wetterbedingungen gibt man nicht auf und will mit vereinten Kräften beweisen, dass der Weinbau in England seine Berechtigung hat und gute Produkte entstehen können. Und dies wird den Coulsons immer wieder mit diversen Auszeichnungen bestätigt.

AN APPLE A DAY …

Und sowieso kann man ja nicht nur aus den Weintrauben Saft rauspressen, sondern auch aus Äpfeln. Diese sind weitaus robuster in Hinblick auf die Launen des englischen Wetters und insbesondere Grundzutat für den beliebten Cider.

GROSSE AUSWAHL

Doch beim Cider allein haben es die Coulsons nicht belassen, sie stellen auch den mittlerweile sehr beliebten „Aval" her – spritzig sprudeligen Apfelwein – der beliebteste ist übrigens der mit der Himbeer-Note.

Na dann, Prost!

UND JETZT: AUSPROBIEREN!

Auf einer Tour durch das Weingut kann man sich selbst ansehen, wie englischer Wein- und Apfelanbau funktioniert und sich danach im Shop durch den champagnerartigen Aval, den preisgekrönten Rosé Wein und die vielen anderen Getränke der Familie Coulson kosten.

TIPP: UNBESCHWERTES VERKOSTEN, WEIL MAN GLEICH AUF DEM WEINGUT EINQUARTIERT IST? MAN NEHME DAS POLGOON HOLIDAY COTTAGE, DIE TIPIS ODER DAS B&B…

POLGOON VINEYARD & ORCHARD, ROSEHILL, PENZANCE TR20 8TE TEL. 01736 333946 WWW.CORNISHWINE.CO.UK

long Route ~ happy to walk a bit further before hitting the bottle

Short Route
desperate for a drink !

TOURS BY APPT.
WINERY
OPEN   10 - 4
01736 333946

Polgoon

The Orchard

We have planted 150 apple trees, a mixture of Cox Orange Pippin, Discovery, James Grieve, Katy, Bramley + Red Worcester. All the trees are planted on dwarf root stock so that we don't need ladders to pick + prune!

We harvest at the beginning of Sept, picking the apples over 2 days and pressing immediately to capture that fresh apple flavour. Some juice is used for bottling straight

135

DIE BEACHES

QUERSCHNITT:
PORTHCURNO BEACH

Gehen Engländer an den Strand, dann vergessen sie unter keinen Umständen ihr Strandzelt. Einerseits sind sie und ihre Schützlinge windgeschützt, andererseits vertragen sich englische Haut mit fast schon südlicher Sonne nicht nur Gerüchten zufolge einfach nicht so gut. Ihre Hautfarbe hält diese Menschen allerdings nicht davon ab, sich voll und ganz zu amüsieren: Da werden Beachballplätze in den Sand gezogen, dort übt man Cricket, traktiert die Wellen mit dem Boogieboard oder liest ein gutes Buch. Zugegeben, die Anzahl der Kinder in den (etwa 17 Grad) kalten Fluten überschreitet die der Erwachsenen bei Weitem, aber trotzdem sollte man dem englischen Badespaß zumindest einen Versuch geben. Wie sagt man so schön? Einmal ist keinmal und der Porthcurno Beach mit seinem türkisen Wasser und den eindrucksvollen Klippen umringt von meterlangen Sandstränden ist einfach prädestiniert dafür, dass man den inneren Schweinehund überwindet und „very British" in die Fluten springt.

PORTHCHAPEL BEACH

Am Minack vorbei, gleich beim Dörfchen St. Levan, geht es die steinernen Stufen zum kleinen, aber feinen Porthchapel Beach hinunter. Die Einheimischen stehen alle sehr auf dieses Fleckchen Sand – verständlich, denn

das Wasser ist bei schönem Wetter türkis und man selbst (vor allem in der Früh) sogar alleine am Strand. Reizend! Versorgung sollte man allerdings selbst mitnehmen, wenn man nicht im Minack Café enden will.

SENNEN COVE

Dieser Strand schreit einfach „Wow!". Surfspot, beeindruckende Landschaft und sauberer Sand. An heißen Tagen ist hier ganz schön was los und man braucht nicht einmal ein Buch zu lesen, denn die schönsten Geschichten, von sich langsam zu Krebsen wandelnden Engländern, ins Wasser fallenden Surfanfängern, Strandcricket oder -rugbyspielern schreibt das Leben an der Sennen Cove. Hat man irgendetwas vergessen, kann man im kleinen Örtchen vom Café (gut!) bis zum Pub beziehungsweise Strandbedarfshop alles haben. Die eineinhalb Kilometer lange Cove sorgt mit ihrem kristallblauen Wasser und dem weißen Sand für Ansteckungsgefahr und gehört zu den absoluten Lieblingsstränden von Einheimischen und Besuchern. Wenn man erst realisiert, dass hinter dem Horizont die nächste Station die amerikanische Küste ist, dann verursacht das schon ein aufregendes Gefühl in der Magengegend. Hier nehmen viele Küstenwanderungen ihren Anfang, der

2,5 Kilometer lange Weg rund um die Landspitze Pedn-men-du bis nach Land's End wäre einer davon.

GWENVER

Erfahrene Surfer und Einheimische bevorzugen den etwas nördlicher gelegenen Strand Gwenver gegenüber Sennen. Man latscht zwar länger hin, dafür wird man aber mit noch raueren Wellen und etwas mehr Privatsphäre belohnt. Man sollte aber wirklich aufpassen, denn hier gibt es keine Lifeguards, die einen im Notfall rausziehen können.

MARAZION

Von Penzance kann man hierher sogar perfekt mit dem Rad fahren – und zwar stets mit Blick auf den St. Michael's Mount. Ansonsten parkt man einfach im Marazion Carpark, hüpft quasi über die kleine Steinmauer und ist schon am Strand, der besonders – wenn in den rechten Wind gerückt – bei Windsurfern beliebt ist. Ansonsten ist es hier vor allem mit Kindern sehr vorteilhaft, weil das Wasser einfach viel ruhiger ist, als sonstwo. Der St. Michael's Mount, zu dem man bei Ebbe sogar hinüberwandern kann, tut sein Übriges zum Strandglück.

ANGENEHM:

DAS
APPLE TREE
CAFE

EIN ORT AN DEM GROSS UND KLEIN VOLL
AUF IHRE KOSTEN KOMMEN.

Man nehme folgende Zutaten für das „Apple Tree Café" der Familie Pearson: Freundliche Mitarbeiter, super Qualität bei Speis' und Trank, gute Musik sowie Spiele, Malstifte, Bücher und mehr, damit es auch den Kleinen gefällt.

Gekocht wird so, dass für jeden etwas dabei ist. Insbesondere auch für jene, denen nicht alles wohl bekommt: So gibt es gluten- und laktosefreie Burger, veganen Karottenkuchen und mehr. Aber auch die Fleischesser kommen nicht zu kurz. Und Helen's Mann stürzt sich frühmorgens aus dem Bett, um sein famoses Bio-Brot zu backen. Dieses kann hier auch gekauft werden.

Als „Community Café" ist das „Apple Tree" ein Ort, an dem lokale Künstler ausstellen und arbeiten können. Es gibt „feine" Dinner-Abende und Kurse, in denen man lernt, wie man alte Kleidungsstücke aufmöbelt oder die Stricker(-inne)n in Not gewidmet sind („Knit and Natter"). Also wenn's regnet im Urlaub, Stricknadeln bereithalten!

APPLE TREE CAFÉ, TREVESCAN,
SENNEN, PENZANCE, TR19 7AQ
TEL. 01736 872753
WWW.THEAPPLETREECAFE.CO.UK

KIDS

HELEN VOM „APPLE TREE CAFÉ" WEISS AUCH BESCHEID,
WIE MAN KINDER IN PENWITH BEI LAUNE HÄLT.

Einen Strandtag organisieren: Nanjizal Beach, Porthcurno und Sennen (die letzten beiden werden im Sommer von Rettungsschwimmern betreut)

Für die Größeren: Kayaks oder Boote bei Lamorna Cove ausborgen.

Zum Cornish Seal Sanctuary in Gweek fahren. Dort werden Kinderherzen von geretteten Robben, Pinguinen und einem Spielareal im Sturm erobert.

Eine Radtour machen: Räder kann man zum Beispiel in Penzance bei „The Cycle Centre" ausborgen. Eine mögliche Tour wäre: Am Radweg von Newlyn nach Marazion.

Das Minack Theatre besuchen: Dieses hat immer auch Stücke für Kinder parat.

Sich zum Telegraph Museum in Porthcurno aufmachen.

Carn Euny bei Sancreed:
Hier befinden sich die Überreste
einer Siedlung aus der Eisenzeit. Für Kinder reizvoll,
da sich viele Gelegenheiten
bieten, unterirdisch abzu-
tauchen und sich zu verstecken.
Wenn oberirdisch, dann Pick-
nickdecke nicht vergessen!

An den verregneten Tagen:
Die Geevor Tin Mine in
Pendeen besuchen: Hier kann
man unterirdisch nachspüren,
wie der Alltag der Minen-
arbeiter ausgesehen hat.

Auf zum „St. Michael's Mount" bei
Marazion oder zum „Trewidden Garden" bei Penzance.

SPEZIALTIPP VON HELEN:

Der Spaziergang (die kleine Wanderung)
von „Trevedran Farm" in Saint Buryan
nach St. Loy am Meer (hin und zurück
im Erwachsenentempo 1 Stunde).
Geparkt werden kann direkt bei der
„Trevedran Farm" auf einem Feld.

KAROTTENKUCHEN
(VEGAN)

HELEN VOM APPLE TREE CAFÉ VERRÄT UNS, WIE MAN IHREN BELIEBTEN KAROTTENKUCHEN ZUBEREITET.

Kuchenmasse:

200 g fein geraspelte Karotten
1 Zitrone, Saft und Schale
115 g brauner Zucker
115 ml Sonnenblumenöl
1 Teelöffel Zimt
1 halbe Packung Backpulver
225 g Mehl

✳

1 Die geschabten Karotten, die Zitronenschale und den Zitronensaft vermengen.

2 Zucker, Öl und Zimt zur Masse hinzufügen.

3 Die Masse mit Mehl und Backpulver vermischen und in eine geölte (18 x 20 cm) Kuchenform leeren.

Zuckerguss („Icing"):

1 Teelöffel Vanilleessenz
1 Esslöffel Zitronensaft
2 Esslöffel Öl
170 g Staubzucker

✳

4 Bei 180°C 40 - 50 Minuten backen.

5 Leicht abkühlen lassen.

6 Währenddessen Staubzucker, die Vanilleessenz, Zitronensaft und Öl vermischen. Wenn das Ganze nicht richtig flüssig wird, einen Schuss Wasser hinzugeben.

7 Abschließend die Zuckerglasur über dem Kuchen verteilen und genießen.

DIE MINEN

BIS ZUM FRÜHEN 20. JAHRHUNDERT DREHTE SICH IN DEN KÖPFEN DER MENSCHEN IM SÜDWESTEN ENGLANDS ALLES UM KUPFER UND ZINN. DIE MINEN SIND RELIKTE EINER ZEIT GROSSER WIRTSCHAFTLICHER, TECHNISCHER UND SOZIALER VERÄNDERUNG UND DIE INDUSTRIELLE REVOLUTION WURDE UNTER ANDEREM DURCH DIE ROHSTOFFE AUS CORNWALL UND WEST DEVON GEFÜTTERT. OBWOHL DER MINENALLTAG AN VIELEN ORTEN BEREITS SEIT LANGEM GESCHICHTE IST, HAT ER EIN BEACHTENSWERTES ERBE AN KULTIGEN GEBÄUDEN, BERG-WERKSSTÄDTCHEN UND HAFENINFRA-STRUKTUR HINTERLASSEN. DIESES ERBE GILT ES ZU ENTDECKEN.

CORNISH MINING

– GEEVOR TIN MINE –

DAS GRÖSSTE ERHALTENE MINENGELÄNDE ZUM METALLABBAU IN THE UK

- Eine Tour unter Tag mitmachen und über die engen Tunnel und bunten Minenarbeiter-Helme staunen.

- Im nahegelegenen St. Just eine frühere Berg-arbeiterstadt mit guten Cafés, Geschäften und Galerien erleben.

- Cape Cornwall erwandern und die Meeres-brise im Gesicht schmecken.

- Audio-Tour gratis runterladen und das Minenareal auf eigene Faust erkunden.

Grundinformiert über das Weltkultur-erbe Cornish Mining wird man auf der Website. Hier findet man nämlich alles, das man zum Planen braucht (Besucherattrak-tionen, Öffnungszeiten, Adressen etc.) sowie Infos zu aktuellen Veranstaltungen/Touren.

WWW.CORNISH-MINING.ORG.UK/DE (AUF DEUTSCH)

WWW.CORNISH-MINING.ORG.UK (AUF ENGLISCH)

2
– HEARTLANDS IN DER NÄHE VON REDRUTH – DER RIESIGE KULTURSPIELPLATZ

🐚 In Heartlands gibt es was für´s Auge, für die Beine und was zum Mitdenken: Nämlich Ausstellungen zum Kulturerbe, Gärten, einen großen Abenteuerspielplatz für Kinder sowie Künstlerstudios.

🐚 Funktioniert übrigens bei jedem Wetter.

3
– WHEAL MARTYN – DAS GUTE PORZELLAN

🐚 Früher wie heute wird hier Porzellanerde gewonnen.

🐚 Früher nicht, heute schon, dürfen Kinder herumtollen auf der Abenteuertour und auf dem Spielplatz.

🐚 Hier kann man gut im Wald spazieren und dem Naturlehrpfad folgen.

GANZ MODERN: ENTDECKE DAS WELTKULTURERBE MIT DER GRATIS APP FÜR APPLE UND ANDROID!
WWW.CORNISH-MINING.ORG.UK/DOWNLOAD-COUSIN-JACKS-CORNISH-MINING-APP

PASTIES!

HEUTE sind sie charakter-
istisch für Cornwall,

FRÜHER waren sie das

Lieblingsessen der
MINENARBEITER.

HEIRATSLUSTIG?
DANN AB IN DIE
„POLDARK MINE"
UND UNTERIRDISCH
„JA" SAGEN.

Wandern und Radeln
entlang der früheren Eisenbahn-
strecken – genannt „MINERAL
TRAMWAYS".

Die nächste Mine ist nie weit weg.

Fat Hen

Ein Kochtopf voller Wildnis – Ein Tagebucheintrag

Als ich am Morgen des
5. August aufwachte, dachte ich, dass es
ein Tag wie jeder andere werden würde,
doch als ich Veras Gesicht sah, wusste
ich: Das wird nicht der Fall sein.

Bauchwehbelastet schleppten wir uns durch ein typisches Bed and Breakfast-Frühstück – für mich war „Scrambled Eggs und Bacon", für Vera nur eine zerquetschte Banane drinnen, der Magen wollte einfach nicht mitspielen.

Aufholjagd mit der Zeit

Dann wurde auf einmal die Zeit knapp, Gründe dafür könnten eventuell Veras Unwohlsein, die Suche nach einer Apotheke, Orientierungsprobleme, Geldmangel, streikende Geldautomaten, langsame Verkäuferinnen und ein generell schlechtes Timing sein. Irgendwie schafften wir es dann doch mit Ach und Krach zu unserem Termin – wir würden mit der „Fat Hen" alias einer sonnig blonden Caroline durch das Gestrüpp der Cornwall'schen Wildnis steigen und Kräuter, Früchte, Wurzeln etc. suchen um diese in weiterer Folge zu kochen. „Foraging-Cooking-Eating". Soweit der Plan.

Die Zuspätkommer

Deutschsprachige Menschen sind ja als pünktlich verschrien. Mit diesem Vorurteil machten wir, die zwei „Austrians", erst einmal Schluss als wir großzügige 20 Minuten zu spät auf Carolines Farm auftauchten. Außer Atem und mit dem kornischen Straßengestrüpp im Rücken nahmen wir im sonnigen Hof Platz. Caroline war gerade dabei, ihren Werdegang

zu beschreiben: Sie war Biologin und arbeitete auf der Uni, bis es ihr zu blöd war, stundenlang drinnen zu sitzen und Arbeiten zu korrigieren. Sie wollte hinaus in die Natur und das, was sie wusste, anwenden. Soweit kurz zum Hintergrund der „Fat Hen" am Ende von England. Denn Land's End kann man von Boscawen-noon Farm fast angreifen.

Namensschilder oder ... das Abenteuer beginnt"

Jeder hatte ein Namensschild und allein den Namen nach waren wir die einzigen, die bei den meisten Kräutern und anderen Suchobjekten nur Bahnhof verstehen würden. Und so war es dann auch. Was uns als exotische Frucht mit „bilberry" angekündigt wurde, war eine Schwarzbeere und „Fat Hen" bezeichnet zum Beispiel ein dem Spinat ähnliches, wildes Gewächs. Spätestens auf der Fahrt zur ersten Suchaktion war uns klar, dass wir uns hier doch auf ein größeres Abenteuer eingelassen hatten, als ursprünglich angenommen. Eine Sekunde später stellte sich – selbst bei Vera mit Wehbauch – Erasmusfeeling ein und wir tratschten im kleinen, krachenden Punto von Tara aus Gloucestershire über Kulturunterschiede und wie wichtig es ist, einen nachhaltigen Lebensstil zu haben.

Beerenstunde & -kunde

Caroline arbeitet nebenbei auch für den „National Trust" und macht Führungen in (relativ) unberührten Gebieten Cornwalls, in einem davon, befanden wir uns plötzlich. Unser Auftrag war es, Brombeeren zu finden, diese sollten später die Tarte krönen. Beim Spazieren tratschten wir auch mit Kate und ihrer Freundin die ganz interessiert an unserem Projekt waren. Das gegenseitige Beschnuppern wurde jeweils von Carolines intelligentem Input zum Thema Wildwuchs unterbrochen. Sie aß zu Demonstrationszwecken auch das Blatt einer Brennnessel (die hier auch im Käse vorkommen, also anscheinend SEHR beliebt sind!). „Einfach zu einem ganz kleinen Paket zusammenfalten und mit ganz viel Speichel essen, dann sticht es nicht", erklärte uns die selbsternannte „Fat Hen" mit – etwas – skeptischem Blick. Weiter ging's auf die offene Fläche. Ein Traum. Man konnte sowohl Nord- als auch Südküste der Penwith Halbinsel sehen und fühlte sich so richtig vom Meer umarmt. Wie die Idioten versuchten wir Schwarzbeeren zu finden, auf die man daheim zwar sehr leicht trifft, hier aber eher nicht so – trotz Saison. Eine gefühlte Ewigkeit stierlten wir im Gebüsch, um irgendwo die kleinen runden Blätter und ihre blau-roten Auswüchse (klingt irgendwie eklig – ist es aber nicht!) zu finden. Und siehe da: Eine hatte ich. Als dieser Task erledigt war, folgten wir den anderen auf eine Hügelkuppe, auf der wir auf eine Gruppe hungriger, wilder Pferde stießen. Die waren so frech, dass sie sich gleich an den Kräutern in Carolines Korb bedienten.

Pferdestreichlerin

Da es sehr kleine Pferde, auch Ponies genannt, waren, fiel irgendwann meine Hemmung und ich fing an, sie zu streicheln. Heute möchte ich nichts anderes mehr tun, da sie weich und gleichzeitig unterhaltsam sind: Sie haben nämlich lustige, vereinzelte Barthaare! Dann hieß es wieder Aufbruch und während ich noch Kate mit den Ponies fotografierte, waren beinahe alle anderen verschwunden. Nur mehr vier von uns waren übrig und wir bemühten uns, so schnell wie möglich, zu den Autos zurück zu staksen. Schlauköpfe Vera und Katharina hatten sich am Morgen für kurze Hosen entschieden, und wurden so von den kniehohen Gewächsen halb zu Tode gekratzt. (OK – so extrem war's zwar nicht, aber weh getan hat's trotzdem.) Am Auto angekommen waren wir ganz alleine und Kate begann abenteuerliche Geschichten aus ihrer Zeit in Australien und Neuseeland zu erzählen, bei denen UFOs, enge Pfade und streikende Pferde vorkamen. Vera und ich horchten gespannt. Bis dann irgendwann klar wurde, dass die anderen im Gestrüpp nach uns Vieren suchten, während wir hier einen Spannungsbogen nach dem anderen erlebten. Schlussendlich waren dann – mit etwa einer halben Stunde Verspätung auch Caroline und der Rest bei den Autos und wir konnten gemeinsam Frittata mit Fat Hen futtern. Ein Genuss! Dazu gab's selbstgemachten Holundersaft – außerhalb von Österreich habe ich noch nie besseren getrunken. (Man muss dazu sagen: Ich habe auch noch nie Holundersaft außerhalb von Österreich getrunken!)

Das Meer

Auch direkt am Meer gibt es essbare Gesellen und drum war unser nächstes Ziel der Nachbarort Marazions: Perranuthnoe, wo wir mit „Black Mustard" Bekanntschaft machten, der hervorragend nach Kren schmeckt und noch dazu jedes Essen aufpeppt. Als Caroline dann mit der Geschichte der Ackerpflanzen anfing, war es um mich geschehen. Welche Pflanzen früher von den Leuten angebaut wurden, und wie die ersten Siedler plötzlich alles in Amerika damit überwucherten und sie dann auf einmal „White Man's Footstep" genannt wurden: All das war für mich sehr spannend und ich plane schon, mir ein Buch über dieses Fachgebiet zu kaufen. (Ehrlich!)

Das Haus

Als ich das Haus der „Fat Hen" betrat, war mir klar, wie J.K. Rowling solche Bücher schreiben konnte. Es wirkte, als wäre es direkt aus einem „Harry Potter"-Buch entnommen. Bullaugen aus dem Kinderzimmer in die Galerie, das Stiegengeländer mit Fischernetzen und sämtliche Küchenkästchen waren schief gemauert. Ich liebte dieses Haus von der ersten Sekunde an. Charakter, der über die Jahrhunderte gewachsen war und an dem Caroline und ihre Familie nur ein wenig drehten. Immer wieder erwischte ich mich dabei, alle Ecken genau unter die Lupe zu nehmen, um sie mir für immer einzuprägen: So etwas sieht man nicht alle Tage. Caroline kochte und delegierte uns ein bisschen herum: Der kleine Charly steckte die Schwarzbeeren in den Kuchen, Greg rieb den Parmesan und ich war eifrig dabei, das Geschehen zu fotografieren. Wie eine große Familie warteten wir dann bis Caroline den letzten Feinschliff in den ersten Gang eingearbeitet hatte: Makrele mit Salsa Verde (halb-wild) und wildestem bunten Gestrüpp servierte. Und dann kam das, was ich mir natürlich schon erwartet hatte: Es schmeckte auch noch. Wild, aus der kornischen Prärie zusammengesammelt, ergaben diese Zutaten auf einmal auch noch Sinn. Gänzlich schmolz ich dann beim Risotto mit Mies- und Jakobsmuscheln dahin, das obendrein noch viele wilde Kräuter enthielt und mit einem Bruder des Spinats garniert wurde. Die Torte krönte dann dieses kulinarische Abenteuer, das ich jedem, der auch nur einen Fuß nach Cornwall setzt und das geringste Interesse an Ernährung, Kochen und Natur hat, empfehlen kann.

INTERESSE GEWECKT?
FAT HEN, GWENMENHIR,
BOSCAWEN-NOON FARM,
ST BURYAN, PENZANCE, TR19 6EH
TEL. 01736 810156,
CAROLINE@FATHEN.ORG,
WWW.FATHEN.ORG

Die Küche der „Fat Hen"

BODRIFTY MACHT'S MÖGLICH:

Ein Leben wie die Kelten! In der Nähe von New Mill steht dieser Nachbau eines keltischen „Roundhouses", der heutzutage eine komfortable Bleibe für zwei bietet – Feuerstelle inklusive. Nichts da mit rauem Keltenklima, im „Roundhouse" geht es eher luxuriös zu. Fünf Minuten entfernt steht das Vorbild für diese besondere kornische Unterkunft: Überbleibsel einer Siedlung aus der Eisenzeit. Kleiner Tipp: Man hat uns verraten, dass im „Roundhouse" gerne Heiratsanträge gemacht werden. Gutes Omen: Noch wurde keiner abgelehnt.

**BODRIFTY FARM, NEWMILL,
PENZANCE
EMMA2810@GMAIL.COM
TEL. 07887 522788
WWW.BODRIFTYFARM.CO.UK**

PERFECT CLICK IM HINTERLAND

Natürlich ist es in Cornwall fast immer das Meer, das uns Fotografen wie magisch anzieht. Doch manchmal lohnt auch ein Blick ins Landesinnere – sofern es dies auf der Penwith Halbinsel überhaupt gibt. Wenn man von Zennor nach Land's End über die kleinen Straßen fährt, ergeben sich oft tolle Landschaftsaufnahmen. Vor allem im August und September ist Cornwall in ein Blumenmeer aus Orange- und Violetttönen getaucht. Gesellt sich noch eine Kuh mit aufs Bild, ist es auch schon perfekt!

ST.IVES

Eine Liebeserklärung ist wohl für
keinen Ort leichter abzugeben als für
diesen. Französische Riviera trifft
englische Noblesse. Seafood en masse
und Surfkultur. Der Meltingpot des
kornischen Charmes. St. Ives, war
wahrscheinlich der ausschlaggebende
Grund für dieses Buch. Ein „Must-See"
und in weiterer Folge „Must-Love".

Liebes St. Ives,

immer wenn wir hier nach einer langen Reise ankommen, merken wir, dass wir unser Ziel wirklich erreicht haben. Du, mit deinen grauen Häusern, den geblümten Fenstersimsen und einzigartigen Stränden, hast es geschafft, dass wir uns hemmungslos in dich, Penwith und ganz Cornwall, verliebten. Du bist das Herz, das unsere Leidenschaft antreibt. Mit deinem sanften Licht, deinem frühmorgendlichen Nebel und den vielen kleinen Geschäften, in die wir schon so viele Pfund investiert haben, hast du uns genommen wie im Sturm. Wir, zwei reisesüchtige Österreicherinnen, die nach jahrelanger Suche endlich an ihr Ziel gekommen waren, konnten nicht begreifen, wie dieser magische Ort sich noch nicht zur Traumdestination Nummer Eins gewandelt hat. Wenn wir hier sind, sind wir glücklich, vor allem auch, weil unsere Mägen mit dem Besten aus dem Meer gefüllt sind. Wo sollen wir nur das nächste Mal hingehen? Zu „Blas" wundervollen Bio-Burgern? Zum „Seafood Café", unscheinbar in der zweiten Reihe platziert und trotzdem mit so fantastischer Auswahl an Fisch- und Fleischgerichten ausgestattet, oder doch zum stylishen „Onshore", das die beste Pizza der Stadt serviert? Obwohl wir auf deiner Promenade schon Kopfnussattacken von feucht-fröhlichen Möwen kassiert haben, können wir dich einfach nicht vergessen. Deine künstlerische Aura schwirrt uns im Kopf herum, deine liebevolle Architektur hat ihr romantisches Äußeres in unser Vorstellungsvermögen gebrannt und die Aussicht aufs unendliche Meer, nur durch die makellosen Körper deiner Rettungsschwimmer „verstellt", wird uns wohl immer zu dir zurückziehen.

St. Ives, du Liebe unseres Lebens. Bleib uns treu, in guten, wie in schlechten Urlaubstagen.

*Wir lieben dich,
du bist unsere
Inspiration,
Vera & Katharina*

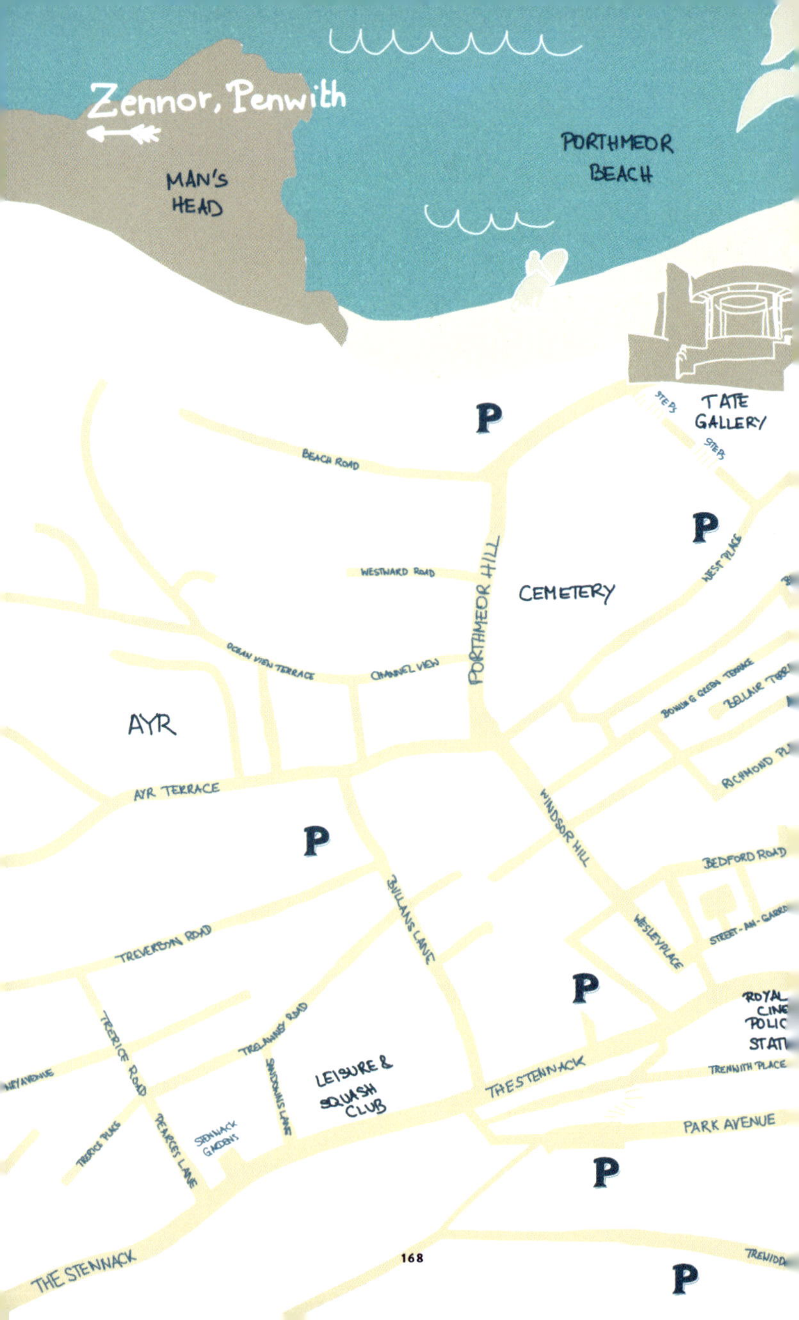

Zennor, Penwith

MAN'S
HEAD

PORTHMEOR
BEACH

TATE
GALLERY

P

BEACH ROAD

WESTWARD ROAD

PORTHMEOR HILL

CEMETERY

P

WEST PLACE

OCEAN VIEW TERRACE

CHANNEL VIEW

AYR

BOWLING GREEN TERRACE

BELLAIR TERRACE

RICHMOND PLACE

AYR TERRACE

P

WINDSOR HILL

BEDFORD ROAD

SKILLANS LANE

WESLEY PLACE

STREET - AN - GARROW

TREVERSON ROAD

P

ROYAL
CINE
POLIC
STAT

TRECARLE ROAD

TRELYON ROAD

SKIDDENS LANE

LEISURE &
SQUASH
CLUB

THE STENNACK

TRENWITH PLACE

NEW AVENUE

TREGOS TERRACE

PENARGIE LANE

STENNACK
GARDENS

PARK AVENUE

P

THE STENNACK

TREWIDD

P

168

Die Einwohnerzahl von St. Ives beträgt etwa

10.000

In St. Ives leben die gemeinsten und hinterlistigsten Möwen in ganz Cornwall.

In St. Ives sendet die

Sonne

ganz spezielles Licht auf die Erde, denn nicht umsonst pilgern Künstler bis heute hierher.

Wer sich für Kunst interessiert, ist hier am richtigen Fleck, denn in St. Ives steht seit 1993 ein „Beiwagerl" der Londoner

Tate-Gallery

mit beeindruckender kornischer und internationaler, kontemporärer Kunst.

Bevor das Gebäude zur Tate-Gallery wurde, war es übrigens ein Gaswerk.

Heute leben mehr

Künstler

in West-Cornwall als
im Rest von England.
(London mal ausgenommen.)

Allein in St. Ives gibt es

4

Strände:
Porthgwidden,
Porthminster,
Porthmeor und
Carbis Bay.

Der Name

St. Ives

kommt von der heiligen Ia,
die hier im 5. Jahrhundert
alle Hände voll zu tun hatte,
die Kelten zu missionieren.

Damen vom Grill

Foto: Blas Burger

BURGER-LIEBHABER AUFGEPASST!
BEI BLAS BURGERWORKS WERDEN NEBST
KLASSISCHEN CHEESEBURGER-ZUTATEN SCHON
AUCH MAL MUNTER BRUNNENKRESSE,
ROTE RÜBEN, HALLOUMI ODER SPINAT INS
BURGERBROT GEPACKT. WER SIND DIE
DREI KREATIVEN LADIES, DIE DAS WAGEN?

THE WARREN, ST IVES, CORNWALL TR26 2EA
TEL. 01736 797272
WWW.BLASBURGERWORKS.CO.UK

Foto: Blas Burger

Sie heißen Lisa, Marie und Sally und bevor sie sich an den Burgergrill heranmachten, waren sie Sozialpädagoginnen und in der Immobilienbranche. Nach erfolgreichem Anmachen des besagten Burgergrills sind sie heute preisgekrönt für ihre hochwertigen und geschmacksexplosiven Kreationen. Das Besondere bei „Blas Burgerworks" ist das ökologische und ethische Bewusstsein, das hier vorherrscht. Die drei Damen bestehen bei ihren Zutaten auf Frische, Regionalität und darauf, dass die verwendeten Produkte gerade Saison haben. Der Salat zum Beispiel wird mit viel Liebe von Cath & Sally großgezogen und als Hilfsmittel ist nur der Kompost aus dem „Blas" Burgerlokal erlaubt. Und auch sonst wird versucht, so wenig negativen Einfluss wie möglich auf das Ökosystem zu haben: Recycling, bewusster Fleischkonsum und viele andere Themen mehr beschäftigen die drei Ladies. Was dabei nicht zu kurz kommt, ist der Geschmack. Da wir keine Restaurantkritikerinnen sind, fühlen wir uns nicht imstande zu beschreiben, wie gut es uns bei „Blas Burgerworks" geschmeckt hat. Aber wir garantieren: Für den Burger zahlt man zwar etwas mehr als sonst, aber was dann am Teller daherkommt, ist einfach genial gut – allein schon wegen der hohen Qualität der verwendeten Zutaten!

DAS HALSETOWN INN WIRD AUCH VON DIESEN 3 DAMEN GEFÜHRT UND WURDE UNS IMMER WIEDER VON EINHEIMISCHEN ALS INSIDERTIPP VERRATEN.

ALSO BITTE NICHT WEITERSAGEN.

HALSETOWN, ST. IVES TR26 3NA
TEL. 01736 795583
WWW.HALSETOWNINN.CO.UK

MHHH!

Essbares St. Ives

★ -TOP- ★

★ **5** ★

★ ★

RESTAURANTS

1.
Seafood Cafe.
45 Fore Street, St. Ives
Tel. 01736 794004
www.seafoodcafe.co.uk

2.
Onshore.
Wharf Road, St. Ives
Tel. 01736 796000
www.onshore-st.ives.co.uk

3.
The Bean Inn.
St. Ives Road
Carbis Bay
Tel. 01736 795918
www.thebeaninn.co.uk

4.
Porthminster Café.
Porthminster Beach, St. Ives
Tel. 01736 795352
www.porthminstercafe.co.uk

5.
Porthgwidden Café.
Porthgwidden Beach, The Island,
St. Ives, Tel. 01736 796791
www.porthgwiddencafe.co.uk

175

In St. Ives passierte etwas, das wir nie
vergessen werden. Genau hier wurden wir
in Bezug auf kornische Küche endgültig
entjungfert. Zum ersten Mal lernten wir hier
die Vorzüge des unsagbar frischen Fisches, der
regionalen Zutaten wie „Cornish Yarg", der am
Strand gesammelten Kräuter und des saftigen,
kornischen Rindfleisches kennen. Angelockt
vom geheimen Slogan des „Onshore" („Wir
haben die beste Pizza"), blickten wir schnell
unter die Spitze dieses Eisberges: Unter dem
mediterranen Deckmantel fanden wir im „Onshore" die besten „Starters" der Stadt und
kamen immer und immer wieder. Uns war egal,
ob wir den Platz direkt an der Promenade
besetzten oder ganz hinten bei der Küche
saßen, die „Starters" hatten unsere Sinne
benebelt und uns süchtig gemacht. Süchtig
nach mehr, süchtig nach Meer und süchtig
nach Cornwall. Sie sind mit ein Grund, dass
dieses Buch geschrieben wurde.

Yummy !

FISCH ODER FLEISCH?

Weiters wurden wir durch den Tipp eines unbekannten Einheimischen (wir liegen heute noch vor ihm!) auf das „Seafood Café" in der Fore Street aufmerksam. Unspannendes, helles Holz erwartete uns und ehe wir uns noch ein genaueres Bild machen wollten, entdeckten wir, dass der Bestellvorgang in diesem Restraurant auf dem Baukastensystem beruht. Welches Fleisch mit welcher Sauce und welcher Beilage? Da nehmen wir doch gleich diese sympathische Fleischrolle mit einer dicken Rotweinsauce und Parmesanpüree. Oder doch lieber den frischen Fisch? Das ist wohl die schwerste Entscheidung im „Seafood Café": Fisch oder Fleisch? Am besten man geht zweimal hin und probiert beide Varianten. Faire Chancen für alle.

GUT-BESSER-ST. IVES

Weitere tolle Lokale reihen sich direkt an der Promenade: Das „Alba" spielt sich mit seiner gehobenen Küche (samt gesalzenen Preisen) in die Herzen der Gourmets, das „Sloop Inn" ist jedermanns Lieblingspub in St. Ives und bietet zu einer saftigen Auswahl an Ales auch

→

mmmh!

die typischen Pub-Gerichte wie Pies und dergleichen, das „Hub" serviert zusätzlich zu den besten Cocktails der Stadt auch Kleinigkeiten wie Burger und Sandwiches für den Minihunger. Für den süßen Abschluss sorgt das „Moomaid of Zennor" an der hinteren Ecke der Wharf. (Wem's gefällt, der kann gleich noch ein paar Souvenir-Shirts der regionalen Marke aus Zennor mitnehmen – garantiert gut investiert!). Glaubt man übrigens den Einheimischen, dann ist das „Porthminster Café" (direkt am gleichnamigen Beach) das beste Restaurant in ganz Penwith, oder sogar ganz Cornwall? Man sitzt direkt am Strand auf dem – besser vorher reservierten – Platz und genießt eine Seafood-Offenbarung nach der anderen. Wir haben es probiert. Es ist wundervoll – die Jakobsmuscheln zergehen auf der Zunge und könnten frischer nicht sein. Doch hat es auch einen kleinen, aber feinen Nachteil – denn um hier gut essen zu können, muss man ganz schön tief ins Portemonnaie greifen und blättert, selbst wenn man sich nur auf Vorspeisen beschränkt, was hin. Will man

sich aber was gönnen, ist das vollkommen legitim und deswegen hat sich das „Porthminster" auch einen Platz in unseren Top 5 (und in unseren Herzen) erkämpft.

GÜNSTIG, ABER GUT

Die kleine – günstigere und deswegen auch sympathischere – Schwester ist das „Porthgwidden Café" (wieder am gleichnamigen Beach, denen fällt auch nichts Besseres ein...). Mit mediterranem Einfluss wird hier supersommerlich gekocht. Perfekt für Surf- oder Strandbruzelpausen. Zusätzlich empfehlen wir noch das „Bean Inn" wärmstens. Es ist zwar zu Fuß etwa 25 Minuten vom Zentrum St. Ives entfernt, dafür ist es aber eindeutig der vegetarische Star der Gegend. Die Mädels, die dieses Restaurant (mit Zimmern obendrauf) betreiben, sind hervorragende Köchinnen und ihre Gerichte bezaubern. Einfach ausprobieren, um zu sehen, was vegetarische Küche alles sein kann!

BEAN INN´S

Marokkanisch gewürzter Gemüsetopf mit Haselnuss-Couscous

DAS „BEAN INN" IN CARBIS BAY IST EIN VEGETARISCHES
RESTAURANT DESSEN KÖSTLICHE GERICHTE UNS
VERZAUBERT HABEN. PAULA VERRÄT UNS EIN REZEPT
FÜR EIN GERICHT, DAS AROMATISCHE NORDAFRIKANISCHE
GEWÜRZE MIT SALZIGEN OLIVEN, SÜSSEN MARILLEN
UND WURZELGEMÜSE VERBINDET.

THE BEAN INN RESTAURANT
COAST, ST. IVES ROAD, CARBIS BAY, ST. IVES, TR 26 2RT
TEL. 01736 795918, WWW.THEBEANINN.CO.UK

**ZUTATEN FÜR DIE MAROKKANISCHE
CHERMOULA PASTE:**

✳

1 TL GEMAHLENER KREUZKÜMMEL
1 TL GEMAHLENER INGWER
2 TL PAPRIKAPULVER
1 PRISE SAFRAN
400G GEWÜRFELTE TOMATEN
(AUS DER DOSE)
10 GETROCKNETE MARILLEN
(APRIKOSEN)
SAFT VON 1 ZITRONE
2 TL GEMAHLENER ZIMT
½ TL GEMAHLENER WEISSER PFEFFER
½ TL KURKUMA
1 GELBE ZWIEBEL
2 KNOBLAUCHZEHEN
14 ENTSTEINTE SCHWARZE OLIVEN
1 STARKE PRISE FRISCH GERIEBENE
MUSKATNUSS

✳

**ZUTATEN FÜR DEN
GEMÜSEAUFLAUF/GEMÜSETOPF:**

✳

2 KG GEMÜSE
1 L GEMÜSEFOND
400G DOSE KICHERERBSEN
4 TEELÖFFEL OLIVENÖL

✳

ZUTATEN HASELNUSS-COUSCOUS:
250G COUSCOUS
2 TL OLIVENÖL
2 HANDVOLL HASELNÜSSE
1 HANDVOLL FRISCH
GEHACKTE MINZE

Den Ofen auf 200°C vorheizen. Das Gemüse in mundgerechte Stücke schneiden, mit Olivenöl beträufeln und auf einem Backblech für 30 Minuten auf der obersten Schiene im Ofen braten. In der Zwischenzeit die Paste vorbereiten. Falls keine Küchenmaschine zur Hand ist, die Paste mit Mörser und Stößel oder dem Pürierstab herstellen. Die Zwiebel schälen und in Viertel schneiden und zusammen mit dem Knoblauch und allen Zutaten aus der Liste in die Küchenmaschine geben. Zerkleinern, bis eine glatte Paste entsteht. Die Kichererbsen abspülen. Das gebratene Gemüse aus dem Ofen nehmen und in eine große Auflaufform geben. Die Kichererbsen kommen dazu. Die marokkanische Paste und den Gemüsefond darüber leeren und alles gut vermischen. Den Deckel auf die Auflaufform geben oder mit einer Alufolie abdecken. Auf mittlerer Schiene eine Stunde lang schmoren. Zusammen mit Haselnuss-Couscous servieren: 400ml kochendes Wasser über den Couscous schütten, dann das Olivenöl einrühren und einen halben Teelöffel Salz hinzufügen. Abdecken und für fünf Minuten ziehen lassen. Die Haselnüsse in einer trockenen Pfanne anrösten und abkühlen lassen, dann in einen Plastikbeutel geben und mit dem Nudelholz auf einer Arbeitsplatte zerkleinern. Mit dem Couscous und der Minze vermengen. Fertig!

*bei Bean Inn werden
Butternusskürbis, Karotten,
Süßkartoffeln und Paprika
etc. verwendet*

3 Fragen an Harris Rothschild von der „St. Ives Surf School"

HARRIS IST GELERNTER RETTUNGSSCHWIMMER UND KANN EINEM DAS SURFEN BEIBRINGEN. ALSO AUF ZUM PORTHMEOR BEACH, WENN DICH IN ST. IVES DAS SURFFIEBER PACKT.

Wie ist das Surfen in Cornwall im Vergleich zu anderen Plätzen auf der Welt?

Mit 16 war ich mit der Schule fertig und seitdem bereise ich die Welt. Bis heute habe ich nirgends eine leidenschaftlichere und verständnisvollere Truppe Surfer getroffen als hier in Cornwall. Und trotz des wilden und manchmal rauen Wetters wirst du immer eine Welle finden, wenn du dich darum bemühst.

Würdest du sagen, dass du als Surfer ein besonderes Verhältnis zur Natur hast? Machst du dir viele Gedanken um die Umwelt?

Ich nehme an, dass man als Surfer oder Wassersportler automatisch einen großen Respekt für die Natur mitbringt. Und das führt dann auch zu einem gesteigerten Umweltbewusstsein. In Cornwall haben wir echt Glück, dass die Wasserqualität so gut ist.

Die Umweltbelastung ist so gering, dass wir das manchmal als selbstverständlich ansehen. Aber in vielen Ländern ist das nicht so und du hast Müll, verunreinigtes Abwasser oder Autoreifen im Meer. In Bali bin ich zum Beispiel einmal an einer toten Katze vorbeigepaddelt. Leider gibt es halt zu viel Gier auf dieser Welt und zu viele Menschen, die viel Geld auf Kosten der Umwelt machen.

Gibt es da etwas, das man in sich haben muss, um ein „guter" Surfer zu werden?

Das Wichtigste ist, sich vor Augen zu halten, dass man Spaß haben will und dass man nicht alles zu ernst nehmen darf. Bringt man auch noch eine positive Einstellung mit, dann hat man große Chancen, das Surfen zu erlernen. Ich hoffe immer, dass unsere Schüler eine Hingabe für den echtesten und erfüllendsten Sport auf diesem Planeten mitnehmen.

**ST IVES SURF SCHOOL
PORTHMEOR BEACH, ST IVES TR26 1JZ
TEL. 01736 793938
WWW.STIVESSURFSCHOOL.CO.UK**

183 Foto: Harris

Das Studio der beiden findet man in den Sloop Craft Workshops, einer Ansammlung kleiner Ateliers und Shops zum Stöbern und Staunen

184

I ♥ shopping

DT. „MUHDSCHUHS"

Die Welt der Mujus

WIE ES FÜR JUNGE KÜNSTLER IN ST. IVES ZUGEHT, ERZÄHLT KATIE

Katie alias Miss Muju

Was ist denn ein Muju genau?

Muju ist ein Charakter, wie aus einer Fantasywelt. Diesen gibt es als Figur zum Hinstellen, als Motiv auf einer Handyhülle, als Bild – es gibt ziemlich viele Verwendungszwecke für einen Muju. Der Charakter ist beliebt bei Alt und Jung und mein Freund und ich verkaufen unsere Kunstwerke hier im Atelier sowie im Internet.

Ihr beide habt hier in St. Ives ein richtiges Atelier? Sind hier nur die Mujus zuhause?

Als „Magic Chocolate Co." mache ich auch noch Schokolade, die ich online und am Bauernmarkt verkaufe. Die Zutaten mische ich so zusammen, dass man sie auch bei Allergien super vernaschen kann. Es sind also zum Beispiel keine Milchprodukte enthalten oder kein Gluten.

Ist St. Ives ein guter Platz für euch als junge Künstler?

Definitiv, uns gefällt es super hier. Wir lieben den Sommer-/Winterrhythmus an diesem Ort. Im Sommer tut sich was und man trifft überall Leute. Dagegen ist im Winter gar nichts los und das passt dann auch genau. Sowieso mögen wir, dass wir mit den Mujus eine andere, jüngere Art von Kunst an diesen Ort bringen können.

Gibt es ein paar Plätze/Bars in St. Ives, die ihr guten Gewissens weiterempfehlen könnt?

Empfehlen können wir das „Porthmeor Cafe" und das „Sea Food Cafe". Die besten Fish & Chips kauft man bei „Harbour Fish & Chips". Den Zuschlag fürs beste Pasty bekommt die „St. Ives Bakery". Und was wir auch gerne mögen ist „The Digey Food Room".

WWW.MUJUWORLD.CO.UK
RAWMAGIC.WORDPRESS.COM
CORNWALL, TR26 1LS

Yoga-Spezialtipp von Katie:
www.lucyaldridge.com

Shopper's Paradise

IN ST. IVES MACHT DAS EINKAUFEN
AM MEISTEN SPASS. FÜR JEDEN PENNY,
DEN WIR HIER AUSGABEN, WURDEN WIR
REICHLICH BELOHNT. KREDITKARTEN
AM HALFTER UND IN SCHUSSPOSITION
KANN MAN SICH HIER EIN STÜCK
VOM GLÜCK KAUFEN.

Wer nach St. Ives kommt, muss spätestens, wenn er (oder sie!) die Fore Street betritt, das „Geldtascherl" mit aller Gewalt zurückhalten, denn es sitzt hier sehr locker. Maritime Mode mit einem Hauch Surfer-Coolness hat es uns hier angetan. Die Pfunde (leider in diesem Fall nicht im Sinne von Kilos gemeint...) purzelten vor allem im Surferladen „Off the Beaten Track" am Anfang der Straße, der mit „Roxy", „Billabong", „Animal" und anderen Surfmarken unsere innersten Wünsche erfüllte. Dann ging´s weiter zum „Superdry Store", um sich ein bisschen als Engländer zu verkleiden – diese Marke scheint dort so eine Art Freizeituniform zu sein. Und die „fancy" Kleider und blitzblauen Flip-Flops haben uns nicht im Stich gelassen – wir konnten sie sogar schon in Cornwall tragen. (Danke, Sonne!) Weiter ging's von einen Surfshop in den nächsten. Dort warteten Marken wie „Rip Curl", „Supremebeing" oder „Burton" auf uns. Ein toller Laden ist auch der „Yumi", wo man sich mit etwas feineren Kleidern fürs Abendessen eindecken kann. Für die Prise kornische Echtheit sorgt „Seasalt" (ebenfalls in der Fore Street), ein Laden in dem eigens in Cornwall hergestellte Produkte angeboten werden – die Jacken sind (überprüfterweise) wind- und wasserfest, was für das unberechenbare kornische Wetter äußerst praktisch ist. Zum Schluss gibt's – wie immer – was Süßes und zwar in Form der Chocolaterie „I Should Coco" sowie der „Cath-Kidston" Filiale, in der man herrlich kitschige, bunte Mitbringsel (auch für sich selbst) kaufen kann.

BOSKERRIS

Über 80 und ganz viel Weiss

DIESE TERRASSE KANN MAN SICH KAUFEN –
ZUMINDEST FÜR EIN PAAR TAGE. DAS „BOSKERRIS
HOTEL" IN CARBIS BAY IST SCHICK UND
OHNE ENDE SYMPATHISCH. WER SICH ETWAS
GÖNNEN WILL, STEIGT AM BESTEN HIER AB.

BOSKERRIS ROAD, CARBIS BAY, ST IVES
CORNWALL TR26 2NQ, TEL. 01736 795295
WWW.BOSKERRISHOTEL.CO.UK

Bereits 1931 als Hotel erbaut, hat sich das Boskerris vor sieben Jahren in ein schickes Boutiquehotel verwandelt. Wer einmal ein bisschen mehr fürs Zimmer ausgeben möchte, kann sich ja hier für ein verlängertes Wochenende einmieten. Im Boskerris ist sicher jeder Pfund richtig investiert, weil man sich schon beim Betreten dieses unaufdringlich durchgestylten Hotels durch und durch wohlfühlt. Egal, ob man im freundlichen Frühstücksraum Banana French Toast mit bestem kornischen Schinken isst, oder den Tag bei einem Glas Rotwein auf der Terrasse über Carbis Bay ausklingen lässt: Eine in türkis und weiß gehaltene Symphonie mit

→

*Gemütliche Ecken gibt's im Boskerris genug –
Wirklich kuschelig*

maritimen Übertönen wird dafür sorgen, dass die Sache mit dem Wohlfühlen auch so bleibt. Die Zimmer sind allerliebst, ohne dass sie Männer mit allzu femininer Art verschrecken würden. Darauf haben Marianne und Jonathan Bassett schon geachtet. Wir bezogen das Zimmer Nummer Eins mit einem großen Traumbett und einem Stockbett. Ein bis zur letzten Sekunde spannendes Schere-Stein-Papier Match hat entschieden: Vera würde das Große, Katharina das Stockbett bekommen. Doch selbst im „Kinderzimmer" schlief es sich perfekt. Und bei so vielen frischen Früchten (die Erdbeeren waren sogar mit Maracuja-kernen gekrönt), selbstgemachten Smoothies und einer ausgewogenen Auswahl an warmen Gerichten, die allesamt von Besitzer Jonathan gekocht werden, ist die Motivation zum Munterwerden auch sehr groß.

190

Marianne & Jonathan Bassett

MARIANNE & JONATHAN BASSETT BETREIBEN DAS BOSKERRIS HOTEL IN CARBIS BAY. UND SIND DABEI SICHTBAR GLÜCKLICH.

Wie würdet ihr eure Gäste beschreiben?

Marianne: Eigentlich als bunten, netten Mix. Zu uns kommen viele junge Pärchen, aber auch Familien oder ältere Leute. Aus der Schweiz und Deutschland kommen übrigens immer wieder Gäste zu uns.

Wie hat sich Cornwall in den letzten Jahren verändert?

Marianne: Wirklich sehr, aber zum Positiven. Leute wie Jamie Oliver oder Rick Stein haben ein jüngeres Publikum hierher gebracht. Ihre Begeisterung für Cornwall hat weite Wellen geschlagen, durch sie hat Cornwall nun auch was gutes Essen anbelangt endlich seinen wohl verdienten Platz bekommen.

Du bist in Cornwall geboren, was ist das Erste an das du dich erinnern kannst?

Jonathan: Der Krabbenbetrieb meines Großvaters, das große Fest am ersten Mai und die Pub-Besuche mit meinem Vater.

Was ist das Spezielle am Boskerris?

Marianne: Einerseits haben wir einen wirklich schönen Ausblick, andererseits freut es uns einfach, dass wir so viele verschiedene Gäste in einem Haus glücklich machen können. Es kann durchaus passieren, dass ein Pärchen mittleren Alters auf der Terrasse mit einer Flasche feinem Champagner seinen Hochzeitstag feiert und wir gleichzeitig die Wetsuits einer vierköpfigen Familie zum Trocknen aufhängen.

MARIANNES & JONATHANS TIPPS: PORTHMINSTER CAFÉ, PORTHGWIDDEN CAFÉ, SH FERRELL & SON (ST. IVES), PHILPS IN HAYLE (PASTIES)

 Das ist übrigens kein Tippfehler!

DER POWERSTRAND:

Gwithian Beach

DAS MEER VOR „HAYLE'S 3 MILES OF GOLDEN SAND" EIGNET SICH JE NACH BEDINGUNGEN ZUM WELLENREITEN, KITESURFEN, WINDSURFEN, LIFEGUARD-SCHAUEN, SPAZIERENGEHEN UND WAS EINEM SONST SO EINFÄLLT.

Wer Surfen oder Strandspaziergänge in südlicheren Gefilden gewohnt ist, wird sich in Gwithian Beach nicht in England wähnen. Der weitgezogene Sandstrand, die Lifeguards, das Urlaubsfeeling, das einem regelrecht entgegenschreit, führen dazu, dass man sich im Sekundentakt daran erinnern muss, dass man hier Englisch spricht. Außer es regnet natürlich, dann weiß man schon wieder ganz genau, wo man sich befindet. Gwithian ist aber nicht nur Strand, Gwithian ist auch Dorf. Hier gilt mit Sicherheit: Klein, aber oho! Die Kirche mit fast schon wieder romantischem Friedhof, ein alteingesessenes Pub und rundherum viel Grün und die berühmten Towans.

Das 3000-Seelen Dörfchen wird außerdem gerne von Liebhabern des Campings und des Surfens heimgesucht. Dafür ist mitunter „Gwithian Farm" verantwortlich, ein Campingareal, das in den Sommermonaten regelmäßig ausgebucht ist. Großer Vorteil im Vergleich zum Campen in südlicheren Gefilden: Cornwall ist grün. Somit bettet man sich auf saftigem englischen Rasen, anstatt sich die Nasen mit trockenem Staub zu verstopfen.

Für die Land- und Leseratten zwei Tipps zum Schluss: Der Strandteil Godrevy verschwindet bei Flut komplett unter dem Wasser, man achte also darauf, wo man seine Bleibe für den Tag am Strand aufschlägt. Und der gleichnamige Godrevy Leuchtturm soll Inspiration gewesen sein für Virginia Woolfs „To The Lighthouse". Es gibt also viele Gründe, die dafür sprechen, nach Gwithian zu kommen.

Wo? 20 Autominuten nordöstlich von St. Ives liegt Gwithian Dorf.

Meet Nigel Whitaker

SURFING CORNWALL ANNO 1966

VOM SURFVIRUS AUF NEWQUAYS STRÄNDEN ZU EINER ZEIT
GEPACKT, ALS DIE SURFBRETTER NOCH SO LANG WIE
WOHNZIMMER WAREN, LIESS NIGEL SEIN STUDIUM SEIN UND
MACHTE EINEN AUF SURFBOARD- UND WETSUITMACHER.
HEUTE FÜHRT ER MIT SEINER SURFENDEN FRAU EIN B & B MIT
BLICK AUF DAS GODREVY LIGHTHOUSE.

NIGELS TIPPS: TAPAS IM „SANDSIFTER", MITTAGESSEN
IM „GODREVY CAFÉ" UND EVENTUELL EIN AUSFLUG
NACH WOOLACOMBE - DEVONS SURFMEKKA.

Fotos: Nigel Whitaker

CALIZE COUNTRY HOUSE
GWITHIAN, CORNWALL TR27 5BW
TEL. 01736 753268
WWW.CALIZE.CO.UK

Ein B&B gleich beim Gwithian Beach – da kannst du dich aber glücklich schätzen!

Allerdings! Und ich sag euch was. Man kriegt nie genug von diesem Ausblick! Ich kann zwar mit dem Buch „To the Lighthouse" von Virginia Woolf überhaupt nichts anfangen, dafür aber mit diesem kleinen Ort. Man hat hier einfach alles: Mit dem „Red River Inn" einen guten Pub mit kleinem Shop und dann eben noch einen der schönsten Strände Englands direkt vor der Haustüre.

Wie seid ihr eigentlich zu diesem wunderbaren Haus hier gekommen?

Als ich noch für eine Wetsuit-Firma gearbeitet habe, sind Jilly und ich viel in der Welt herumgekommen. Neuseeland, San Francisco, Fiji, Cook Island – tja, und in dieser Zeit haben wir unsere Häuser vermietet und dann verkauft. Anscheinend hat da der Immobilienmarkt in Südwestengland einen Sprung gemacht, denn wir haben ein Vielfaches vom Kaufpreis erhalten und plötzlich standen wir mit einer Million Pfund da. Als Jilly dann beim Radfahren zufällig dieses B&B, das zum Verkauf stand, gefunden hat, haben wir es einfach gekauft.

Du bist einer der wenigen, der in England noch maßgeschneiderte Wetsuits macht. Da muss man ja ganz genau Maß nehmen, oder?

Ja! Dazu gibt es eine lustige Episode. Ein Typ aus Cornwall hat seiner Freundin einen meiner Wetsuits geschenkt. Und als die gute Dame dann bei mir auftauchte – in ihrer Arbeitsuniform wohlgemerkt – teilte ich ihr mit, dass ich jetzt ihre Maße nehmen müsste. Sie ließ sofort die Hüllen fallen. Unterhalb trug sie Reizunterwäsche, es war eine wahre Herausforderung, die Abstände zwischen ihren Brustwarzen genau abzumessen. (Lacht!) Außerdem war ich es, der die Anzüge für Angelina Jolie als „Lara Croft" angefertigt hat. Abmessen durfte ich sie allerdings nicht – das Studio schickte mir nur einen Anzug, der ihr bereits wie angegossen passte, den musste ich dann zerlegen und mich daran halten. Eigentlich schade!

Der junge Nigel ↳

PERFECT CLICK: GWITHIAN

Da St. Ives als Gesamtkunstwerk ein einziges
aufreizendes Fotomodell ist, überlassen wir
die Motivsuche lieber deinem geübten Foto-
grafenauge. Ein Tipp allerdings, auf den man
erst aufmerksam gemacht werden muss, ist
der Gwithian Beach, der sich etwas östlich
die Nordküste hinauf befindet. Dort ergeben
sich wunderschöne Fotomotive, wenn man
vom Auto, das man am Straßenrand parkt,
durch eine fast nordseeartige Atmosphäre
Richtung Wasser geht. Durch das hohe Gras
macht man bald den Godrevy-Leuchtturm
aus, über den schon die Autorin Virginia
Woolf in ihrem Roman „Zum Leuchtturm"
sinniert hat. Ein wirklich attraktives Knips-
Ziel mit vielen unterschiedlichen Arten der
Bildgestaltung. Je rauer das Wetter, desto
beeindruckender die Atmosphäre!

Zennor

Das wahre Cornwall findet man am vermeintlichen Ende der Welt - nahe an Land's End verzaubern Kuhweiden mit Meerblick und das klitzekleine Dörfchen Zennor.

Idyllischer könnte man sich kaum präsentieren. Auf die grünen Felder gezuckert stehen die paar Steinhäuser, die zusammengefasst das Örtchen Zennor ergeben, seit hunderten von Jahren umringt von Kuhherden. Was den Ort neben seiner faszinierenden Lage einzigartig macht, sind eine Legende und eine wahre Geschichte. Einerseits findet man in der kleinen Kirche an einem Bankende eine Schnitzerei, die von der Meerjungfrau erzählt, die sich hier angeblich in einen jungen Mann namens Matthew Trewhella verliebt haben soll. Einzig und allein sein Gesang war es, der sie bezirzt hat. Sie wohnte bei Pendour Cove, welche man von Zennor über den Küstenpfad gut erreichen kann. Soviel zum Märchen, kommen wir zur rauen (Kriegs-) Wahrheit: Der Schriftsteller D. H. Lawrence lebte hier mit seiner Frau Frieda von Richthofen in einem mittelalterlichen Haus. Obwohl er die Zeit zwischen 1915 und 1917 sehr genoss, regelmäßig im Pub „The Tinners Arms" einkehrte und von Cornwall schwärmte – wie in einem Brief an die neuseeländische Autorin Katherine Mansfield: „Ich liebe es, hier in Cornwall zu sein – so friedlich, so fern von der Welt," wurde ihm in den Kriegswirren vorgeworfen, einem feindlichen U-Boot Leuchtsignale gegeben zu haben. So wurden die beiden als vermeintliche Kriegsspione aus Cornwall ausgewiesen. Und Zennor konnte wieder zu dem werden, was es jahrhundertelang war: Ein kleines Dörfchen nahe der kornischen Klippen, abseits der Welt.

EIN TIPP FÜR AKTIVE IST DIE ERFRISCHENDE WANDERUNG ZUM GURNARD'S HEAD. MAN STARTET AM BESTEN BEIM GLEICHNAMIGEN RESTAURANT (ZENNOR, ST. IVES, TR26 3DE, TEL. 01736 796928) – DEM MAN ALLERDINGS AUCH KULINARISCH EINE CHANCE GEBEN SOLLTE. DIE EINHEIMISCHEN LIEBEN ES!

Moomaid of Zennor-Eiscreme

UMZINGELT VON KUHWEIDEN STEHT SIE DA DIE „TREMEDDA FARM",
DER PLATZ AN DEM DAS BEKANNTE „MOOMAID OF ZENNOR"-EIS
PRODUZIERT WIRD. AUF DER FARM HABEN WIR BRIDGET GETROFFEN
UND MIT IHR ÜBER AKTUELLES, VERGANGENES UND TYPISCH
KORNISCHES GEPLAUDERT.

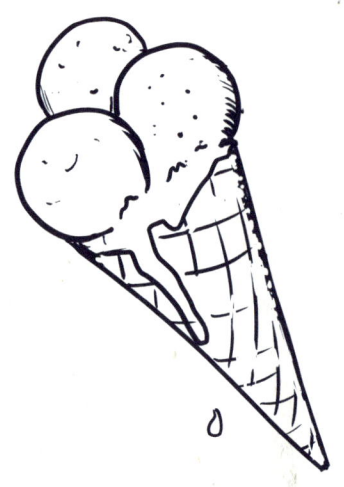

TREMEDDA FARM: ZENNOR, ST. IVES, TR 26 3BS

TEL. 01736 799603

WWW.MOOMAIDOFZENNOR.COM

Bridget mit einem ihrer eisverliebten Enkelkinder

Was macht ihr denn alles auf der Tremedda Farm?

Wir haben 110 Kühe. Ein großer Teil der Milch geht an die Kooperative, die sie dann weiterverkauft zur Produktion von Clotted Cream. Dann dreht sich natürlich viel um das „Moomaid of Zennor"-Eis. Dieses wird hier auf der Farm handgemacht und dann unter anderem in St. Ives verkauft. Dort hat meine Tochter einen Eissalon. Zusätzlich zu alledem bieten wir auf der Farm noch Bed and Breakfast an.

Hat sich Cornwall in den letzten Jahren sehr verändert?

Die Hauspreise sind stark gestiegen. Viele der einheimischen jungen Leute können es sich nicht mehr leisten, ein Haus zu kaufen. Stattdessen kommen die Städter, die sich ein zweites Haus zulegen. Ich weiß nicht, was ich davon halten soll... Früher hat in Cornwall gegolten: „Farming – Mining – Fishing". Das ist heute nicht mehr so. Heute sind wir vom Tourismus abhängig und manche Entscheidungen diesbezüglich verstehe ich nicht.

Was ist deine erste Erinnerung an Cornwall?

Als ich am Morgen mit dem Milchwagen (zum Ziehen) mitgefahren bin – und als meine Schwestern und Cousinen/Cousins auch alle mit hinaufgesprungen sind. Das war schön – heute wäre das natürlich viel zu gefährlich (lacht).

Was ist typisch Cornish für dich?

Cream Tea und selbstgemachte Pasties. Und Saffron Buns. Und Heavy Cake. Also kornisches Essen (grinst).

Und wie würdest du die Einheimischen beschreiben?

Eigentlich sind wir ziemlich freundlich – am Land. Und ich würde sagen, dass es echt gute Charaktere und spannende Persönlichkeiten gibt. Lustigerweise sind wir, was das Aussehen betrifft, dunkle Typen. Es heißt, das ist wegen der Spanier, die mit der Spanischen Armada nach Cornwall gekommen sind.

Nach diesem sympathischen und interessanten Gespräch konnte die Devise nur lauten: Auf nach St. Ives in den Eissalon. Katharina probierte dort Chocolate Sorbet und Vera Cornish Clotted Cream. Beide Daumen nach oben! Das ist echt und hat was.

BRIDGETS TIPPS:

ESSEN IN CORNWALL:
THE GURNARD'S HEAD
WWW.GURNARDSHEAD.CO.UK
PHILPS IN HAYLE
WWW.PHILPSBAKERY.CO.UK

BUCHTIPP:
„TREMEDDA DAYS" VON
ALISON SYMONS
(ISBN: 0-907018-83-1)

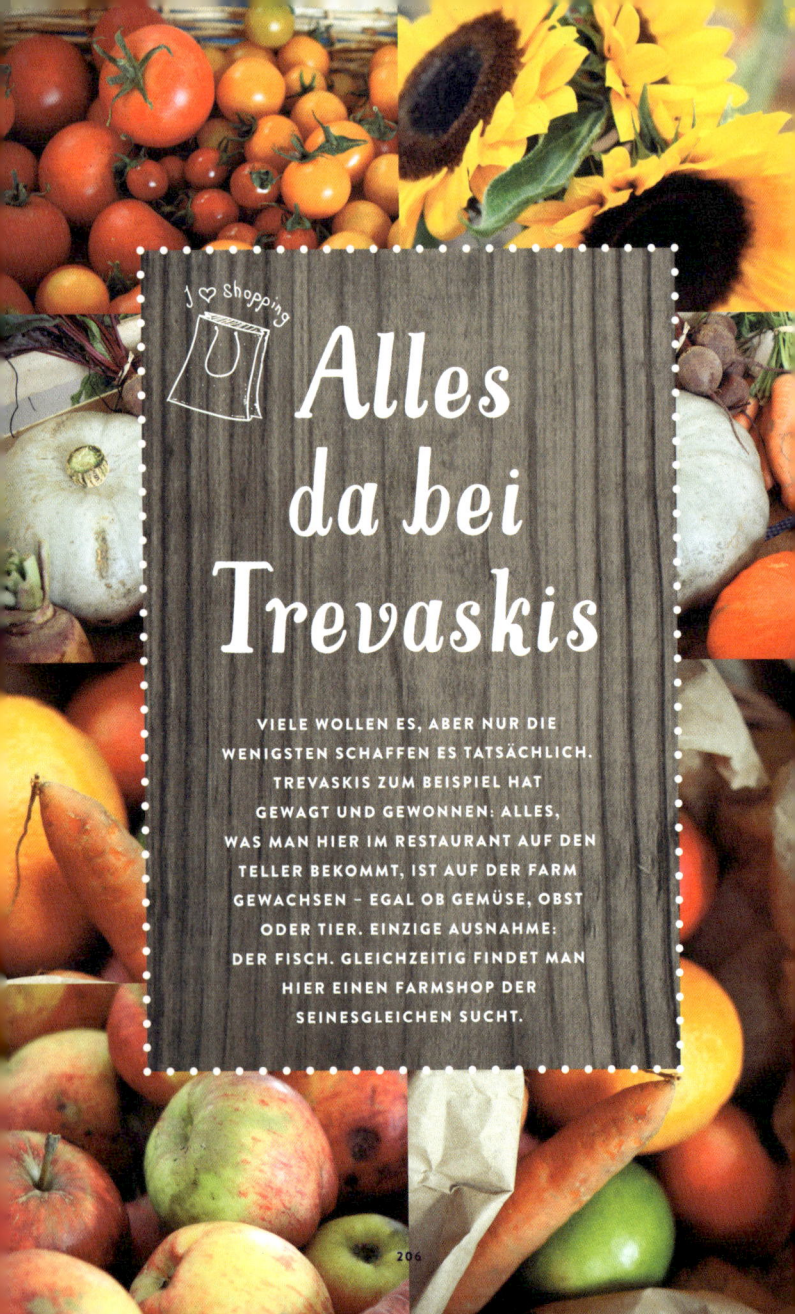

I ♡ shopping

Alles da bei Trevaskis

VIELE WOLLEN ES, ABER NUR DIE
WENIGSTEN SCHAFFEN ES TATSÄCHLICH.
TREVASKIS ZUM BEISPIEL HAT
GEWAGT UND GEWONNEN: ALLES,
WAS MAN HIER IM RESTAURANT AUF DEN
TELLER BEKOMMT, IST AUF DER FARM
GEWACHSEN – EGAL OB GEMÜSE, OBST
ODER TIER. EINZIGE AUSNAHME:
DER FISCH. GLEICHZEITIG FINDET MAN
HIER EINEN FARMSHOP DER
SEINESGLEICHEN SUCHT.

Etwas außerhalb des Ortes Hayle befindet sich die „Trevaskis Farm". Zur Mittagszeit ist es recht einfach, dorthin zu finden. Man folgt einfach sämtlichen Autos, die in Richtung Einöde steuern. Da kommt noch was? Ja – da kommt noch was! Die „Trevaskis Farm" hat sich dazu entschlossen, die Menschheit über alles, was wächst, aufzuklären. Tomaten, Paprika, Äpfel, Karotten, aber auch Schafe und Hühner kann der Bauernhofunkundige hier bei Führungen besser kennenlernen und dabei Nützliches über den Farmbetrieb erfahren. Wer allerdings den Bauernhof schon kennt, hat seine helle Freude im Einkaufsparadies. Von Chips über Oliven bis hin zu kornischem Salz und frischem Gemüse. Die Suche nach sinnvollen Mitbringseln für die lieben Daheimgebliebenen gestaltet sich an diesem Ort äußerst kurzweilig, denn man findet hier beinahe alle kornischen Produzenten. Das Restaurant wurde zu dem Zeitpunkt, als wir dort einliefen hauptsächlich von „Oldies" bevölkert, was aber nicht heißt, dass das immer so ist. Und auch das Menü ist keinesfalls altmodisch: Burger, Chili con Carne, Lasagne, Salate und Wraps machen echt Spaß. Zusätzlich ist die „Trevaskis"-Truppe ziemlich kinderfreundlich – es gibt sogar ein eigenes Kindermenü.

TREVASKIS FARM,
HAYLE, TR27 5JQ GWINEAR
TEL. 01209 713931
WWW.TREVASKISFARM.CO.UK

Das muss im Rucksack drin sein!

Cornwall ist trotz der Palmen mit unseren mediterranen Lieblingsurlaubsorten wenig vergleichbar. Das Wetter kann rau, der Regen fies und der Wind gemein sein. Hier bekommen unerfahrene Cornwall-Reisende Tipps, wie sie auch auf dem „South West Coast Path" immer echt kornisch unterwegs sind.

GUTE SCHUHE

Nicht nur die Wege des Herren sind unergründlich, sondern auch die auf Cornwalls Pfaden. Auf den zahlreichen "Public Footpaths" oder am „South West Coast Path" (himself!) ist man am besten mit rutschfesten/wasserundurchlässigen Trekking- (notfalls: Lauf-) Schuhen beraten. Klippen oder Stiegen - die oftmals zu Stränden führen – können immer rutschig sein.

SONNENBRILLE & - CREME

Steht die Sonne schief, blendet sie ganz schön und das (man glaubt es kaum) sogar in England. Es soll auch schon passiert sein, dass sich hier jemand (wir wollen ja keine Namen nennen) einen Sonnenbrand zugezogen hat.

SCHIRM

Ein Schirm ist gut, eine gute Regenjacke besser. Gute Bejackung gibt's – sofern man diese zuhause vergessen hat – in jedem „Seasalt" Store oder aber auch direkt bei den Experten von „Finisterre".

SEASALT ST. IVES, 4 FORE STREET, ST IVES, CORNWALL, TR26 1AB FINISTERRE, WHEAL KITTY WORKSHOPS, ST. AGNES, CORNWALL, TR5 0RD

DAS NÖTIGE KLEINGELD

Der Korne liebt seinen Carpark. Wir inzwischen auch. Nach anfänglicher Feindschaft haben wir ihn ins Herz geschlossen. Man muss nur wissen, wie man ihn nehmen muss und das ist fast immer mit Münzen verbunden. Daher ist die Freude über Kleingeld und Geklimper im Geldtascherl immer groß. Die Münzen müssen stets gut dosiert in den Automaten eingeführt werden, denn die Automaten können noch schlechter kopfrechnen als wir – ergo kein Wechselgeld.

TIPP: WENN MAN BEIM NATIONAL TRUST MITGLIED WIRD, KRIEGT MAN EINEN LÄSSIGEN AUFKLEBER UND KANN AUF ALLEN NATIONAL TRUST CARPARKS GRATIS PARKEN.

KUSCHELPULLI

Dieser unterstützt den Lagenlook und hilft an windigen Tagen dabei, Leib und Seele warm zu halten.

NERVEN WIE DRAHTSEILE

Das ist das beste Rezept für die schmalen Straßen, die oft enger sind, als einem lieb ist.

KARTEN, NAVI ODER BEIDES

„Sabine" war beinahe stets zu unseren Diensten und navigierte uns bis ans Ende von England. Karten helfen jedoch auch – vorausgesetzt, man kann sie lesen! Benutzt man das Navi, hilft es, den Postcode einzugeben (beginnt meist mit TR ... oder PL ...), denn die Straßennamen kommen meist nicht in der in Reiseführern oder Homepages genannten Adresse vor. Merke: Auch Hausnummern gibt es praktisch nicht.

TIPP: GUTE KARTEN KRIEGT MAN IN ALLEN TOURISMUSBÜROS, IN ST. IVES IST EINES HIER ZU FINDEN: THE GUILDHALL, STREET-AN-POL, ST. IVES, TR26 2 DS

DER NORDEN

DER NORDEN

Ganz Cornwall ist echt, einzigartig und ehrlich. Doch der Norden ist um ein Stück echter,
einzigartiger und ehrlicher. Kühe und Schafe
grasen hoch über kilometerlangen Sandstränden
während im Landesinneren in Windeseile
Cider und Käse produziert werden. Surfer zieht
es vor allem an die schroffen, einsamen Küsten
des Nordens, Partypeople hauptsächlich nach
Newquay. Eine Region der Gegensätze, wie sie
weiter nicht auseinanderklaffen könnten.

NORTH

— Cornwall —

WATERGATE BAY

New

Perranpor

St. Agnes

St. Ives, Penwith

DER BESTE ZINN VON HIER BIS TEXAS

St. Agnes

EIN 1.500-SEELEN-DORF ZWISCHEN GWITHIAN UND NEWQUAY. FRÜHER KANNTEN ES DIE MINENARBEITER, HEUTE IST ES AUF DER ROUTE JENER TOURISTEN, DIE „OFF THE BEATEN TRACK" UNTERWEGS SEIN WOLLEN.

Die Einwohnerzahl ist ein wenig trügerisch, da sie annehmen lässt, in St. Agnes geht die tote Hose spazieren. Aber nicht doch. In St. Agnes findet man eine sympathische Community, die sich tagsüber auf die kleinen Shops, auf die Pubs und Restaurants oder die vier Strände der Gegend verteilt. Spazieren gehen hier eher jene, die eine „Area of Outstanding Natural Beauty" und Weltkulturerbe schätzen können. Vielen geht es hier ums Surfen und Entschleunigen. Den anderen ums gute Essen, die Leute und natürlich um die Bellyboard Weltmeisterschaften (www.bellyboarding.co.uk).

DEN BESTEN ÜBERBLICK ÜBER ST. AGNES BEKOMMT MAN EIGENTLICH AUF DER SCHÖNEN WEBSITE WWW.ST-AGNES.COM NOS GUSTA MUCHO.

GANZ SICHER EIN HIGHLIGHT: UNTER ANLEITUNG DER PROFIS VON „OTTER SURFBOARDS" IN REDRUTH DAS EIGENE SURFBOARD ZIMMERN.

WWW.OTTERSURFBOARDS.CO.UK

◇◇◇◇◇◇◇◇◇◇◇◇

Wer braucht schon Palmen?

WENN MAN ERNEST VON „FINISTERRE" SO REDEN HÖRT, DANN KÖNNTE MAN SCHON DENKEN, DASS DIE MITARBEITER DER SURF- UND OUTDOORMARKE SOWAS WIE DIE PIRATEN DER BRANCHE SIND. UND JA – WAHRSCHEINLICH SIND SIE DAS AUCH.

… ist es in den „Wheal Kitty Workshops", einem Gebäude aus Backstein, in dessen Einfahrt gleich mal schick ein VW T1 steht. Hier befindet sich der neue Schatz von „Finisterre": Ein eigener kleiner Shop, in dem man alle schönen Prachtstücke aus der Kollektion kaufen kann, ohne dafür Maus und Tastatur benutzen zu müssen. Gleich daneben ist das Büro samt Galerie.

Hier sitzt das Herz und Hirn des jungen Unternehmens. „Ich habe in einem großen Konzern Marketing gemacht", sagt der Amerikaner Ernest bei einer Tasse Tee, „doch dann habe ich begonnen zu surfen und wusste: Irgendetwas muss sich ändern!". Und was hat er gemacht, der junge Mann? Seinen „Daddy" ein bisschen vor den Kopf gestoßen und den Job geschmissen. Dann ist er in einen Caravan nahe Falmouth gezogen und hat am wohl schönsten Arbeitsplatz der Welt angefangen zu arbeiten. „Als mein Papa dann gesehen hat, wie ich hier lebe, war er zwar überrascht, aber auch ein bisschen neidisch", sagt der Strahlemann.

SPRUNG INS KALTE WASSER

„‚Billabong', ‚Quiksilver' und wie sie alle heißen, das ist die Industrie, die sich komplett auf die Surfer im warmen Wasser konzentriert. Flip-Flops, Boardershorts. Das ist ja alles schön und gut", wirft Ernest auf. Doch was passiert in den anderen 99 Prozent der surfbaren Gebiete der Welt? Hier hat „Finisterre" eine Lücke erkannt und setzt alles daran, sie mit Charme und Coolness zu füllen. Jetzt setzen sich lauter Leute, die sich vor allem gut verstehen, dafür ein, die Marke aus Cornwall aufzubauen und ein Bewusstsein für die Spezies der Kaltwassersurfer zu schaffen. Die Wolle kommt zum Teil von Merinoschafen aus Australien, allerdings wird ein beträchtlicher Anteil der Wolle auch schon in Großbritannien produziert, nur wenige Kilometer von der Finisterre-Homebase entfernt. Diese „Bowmont Schafe", die letzten ihrer Art, liefern ebenso dünne und warme Garne wie die Merinos am anderen Ende der Welt. Transparenz wird bei „Finisterre" groß geschrieben. Plakativ und unversteckt kommunizieren sie auf ihrer Homepage, welche Schritte ihre Produkte hinter sich haben, bevor sie im Shop bei St. Agnes beziehungsweise online verkauft werden. Herrlich ehrlich!

FINISTERRE SHOP

WHEAL KITTY WORKSHOPS
ST AGNES TR5 0RD,
TEL. 01872 554481
WWW.FINISTERREUK.COM

TIPP

Ernest und Gregor von Finisterre lieben übrigens Falmouth: „Wir finden, dass die Stadt ein ungeschliffener Diamant ist. Falmouth ist ein junger, vibrierender Ort. Der beste Platz, um zu frühstücken, ist das ‚Provedore', das beste Bier gibt's in der ‚Hand Bar'."

Surfers Against Sewage

Andy von SAS

Manchmal braucht es keine Worte mehr – da müssen Taten her. Und genau in diesem Fall kommt die Non-Profit-Organisation „Surfers Against Sewage" ins Spiel. 1990 von Naturliebhabern, begeisterten Surfern und leidenschaftlichen Strandfans gegründet, haben sie in der Zeit ihres Bestehens die Qualität des Wassers an der englischen Küste beträchtlich verbessert. Auf organisierten „Beach-Cleanings" wird Jahr für Jahr von Schottland bis zum Gründungs- und noch immer aktuellem Standort St. Agnes Müll von Stränden entfernt. Daran sind bis zu 5000 motivierte Menschen pro Jahr beteiligt. Bei Sonnenschein sind es bis zu 80, bei Re-

gen immerhin noch 20 Leute. „Besonders gut kommen unsere SMS mit den Infos über akut verschmutzte Strände an. Diese schicken wir an etwa 1000 Surfer aus. Denn niemand möchte gerne Müll am Strand haben, gar im Wasser mit dem Schmutz anderer Leute bzw. der Industrie in Berührung kommen, oder noch schlimmer: ihn unabsichtlich schlucken", sagt Andy von „Surfers Against Sewage". Er arbeitet eng mit der „Surfrider Foundation" zusammen, leitet aber auch eigene Kampagnen. Wie auch die Aktion mit dem klingenden Namen „Protect our Waves". Für diese Petition sammelten sie bereits im ersten Monat 25.000 Unterschriften. Denn die Surfer haben ihre Wellen ins Herz geschlossen und weder Verschmutzung noch bauliche Maßnahmen sollen sie verschwinden lassen.

**ANDYS SURFTIPP:
ICH MAG DEN PORTHMEOR BEACH,
DORT SIND DER SURF UND DIE
STIMMUNG GUT.
WWW.SAS.ORG.UK**

PERFECT CLICK:
CHAPEL PORTH BEACH

Sehr nahe an St. Agnes liegt einer der schönsten und dem Meer am meisten ausgeliefertsten Strände ganz Cornwalls: Chapel Porth. Vor allem bei Sonnenuntergang ist dieser Ort Magie für die Kamera. Die Klippen sind golden von der Sonne beleuchtet und sogar die alten Minentürme erstrahlen im Licht. Die Reflexionen des Himmels im Wasser und die in Gold getauchte Stimmung lassen die Kamera wie von selbst arbeiten.

SARDINEN – SAUFEN – SURFEN

Newquay

RUND EINE MILLION MENSCHEN
KOMMEN IM JAHR NACH NEWQUAY –
DAS ALLEINE BEDEUTET SCHON,
DASS HIER DAS GLEICHGEWICHT
ZWISCHEN EINHEIMISCHEN UND
TOURISTEN SCHON LÄNGST NICHT
MEHR GEGEBEN IST.

Und diese Tatsache merkt man in Newquay tatsächlich an (fast) jeder Ecke. Na klar – Newquay ist das Surfmekka Englands. Hier finden jedes Jahr die „Boardmasters" statt, hier steigt die Party. Genau dieser Aspekt ist es, der Newquay aber auch ganz schnell unattraktiv machen kann, schneller als man „Fistral Beach" sagen kann. Und das meinen auch viele Kornen. Alle Kornen? Nein – lustigerweise ist Newquay bei fast allen unbeliebt, außer bei jenen, die in Newquay wohnen. Erinnert ja beinahe an eine „Gallier-Römer-Situation". Nur eben umgekehrt.

PARTYPEOPLE

In Newquay trifft man auf Feierwütige, die abends in den Clubs tanzen und tagsüber an einem der vielen goldgelben Strände relaxen. Schön ist Newquay ja – keine Frage! Vor allem der Fistral Beach zieht die Massen an, denn die Wellen eignen sich perfekt, um die ersten Surfschritte im Wasser zu tun. Doch auch Bodyboarding macht hier viel Spaß. Und wer sich nicht ins Wasser traut (16 Grad!), der kann Kaffee schlürfen oder in einem der vielen Surfshops Geld gegen Ware tauschen. Etwas ruhigere Strände findet man aber auch: Lusty Glaze und Porth heißen

unsere Geheimtipps. Abgesehen von den hohen Wellen und den langen Nächten ist auch noch die „Huer's Hut" beeindruckend, nicht so sehr wegen ihrer Architektur, sondern viel mehr wegen des Ausblicks: Von dort aus sieht man nämlich kilometerweit und erkennt, mit wie vielen schönen Stränden die Bewohner Newquays gesegnet sind.

FÜR EIN BESSERES NACHTLEBEN: SOWOHL IM CAFÉ AM FISTRAL BEACH (FISTRAL BEACH BAR, TEL. 01637 879444, WWW.FISTRALBLU.CO.UK) ALS AUCH IN DER CHY BAR (12 BEACH ROAD, NEWQUAY, TR7 1ES, TEL. 01637 873415, WWW.THEKOOLA.COM) TREFFEN SICH DIE EINHEIMISCHEN.

Activity Booking Office

WONACH AUCH IMMER SICH DEIN NACH FUN
& ACTION LECHZENDES HERZ IN CORNWALL
SEHNT, REN SPÜRT ES AUF UND SCHON KANN
ES LOSGEHEN ZUM KLETTERN, „ZAP CATS"-
FAHREN, „QUAD BIKEN", „TREESURFEN" ODER
HINEIN IN DEN SUMO-ANZUG.

Ren vom Activity
Booking Office

Ren Reynolds hat einen der besten Büroplätze der Welt: Direkt am Lusty Glaze Beach – freie Sicht aufs kristallklare Meer. Neid! Und von dort aus verteilt sie Action in kleinen und auch großen Dosen. Sie macht für dich einen Termin zum Coasteering aus, kümmert sich um eine Surfschule, macht das Lama für den Trekking-Ausflug sattelfest und so weiter. Sag mal, was dir einfällt, das du machen willst, dann Anruf bei Ren und sie zieht jemanden aus dem Ärmel, der dir diese Action anbietet. Dabei achtet das „Activity Booking Office" darauf, dass all diese Leute qualifiziert sind, die Versicherungsbedingungen stimmen und Ren kontrolliert für dich die Qualität der Anbieter. Bist du selbst ideenlos, werden auf der Homepage so einige Aktivitäten angeboten, die man mit Sicherheit nicht jeden Tag im Kalender stehen hat. Übrigens sind sie auch spezialisiert auf die Polterfreudigen unter uns (Junggesellenabschiede auf gut Deutsch) …

NEWQUAY
TEL. 01637 818338
ACTIVITYBOOKINGOFFICE.CO.UK
(…LÄUFT ALLES ÜBERS INTERNET)

Nasse Perlen des Nordens

**DIE STRÄNDE SIND DIE SCHÖNSTEN KULISSEN DER NORDKÜSTE –
DIE SURFER, SCHWIMMER UND WANDERER DIE HAUPTDARSTELLER.
EIN KLEINER AUSZUG DER SCHÖNSTEN BEACHES IM NORDEN.**

Watergate Bay

Der wohl kulinarischste Strand von Cornwall hat einen großen Fisch an Land gezogen: Jamie Oliver richtete hier einen Ableger seiner „fifteen"-Restaurants ein. Daneben steht das „Watergate Bay Hotel", in dem man entweder auf ein Luxuswochenende einchecken kann, oder an der Bar mit Blick über den Beach etwas relaxt.

St. Agnes Beach / Trevaunance Cove

Am Fuße des einstigen Minenzentrums St. Agnes befindet sich dieser sowohl bei Surfern als auch bei Spaziergängern beliebte Strand. Mit vielen Felsen und schroffen Steinen hat der Sandstrand seinen eigenen Charakter, den man am besten bei einem Bier in den noch hellen Abendstunden einfängt.

Perranporth

Wenn ein Strand schon mal nach einem von Cornwalls Schutzheiligen – dem St. Piran – benannt ist, dann kann er nur was G'scheit's sein. Der Sandstrand erstreckt sich bei Ebbe über fünf Kilometer, beginnt bei der gleichnamigen 3000-Seelen-Gemeinde und endet in Klippen. Der Beach-Break ist ein Leckerbissen für Wellenreiter.

Bedruthan Steps

Bevor man die Magie dieses Ortes auf sich wirken lässt, sollte man mit Bedacht die Gezeitentafel lesen, denn nichts ist leichter, als hier von der Flut eingesperrt zu werden. Weiß man um die Launen des Meeres, steht einem Strandspaziergang zwischen mächtigen Felsen allerdings nichts mehr im Wege – außer den glitschig-nassen Stufen!

Constantine Bay

Große Dünen und etwas Grün rahmen diesen weitläufigen Strand ein. Nur sechs Kilometer westlich von Padstow. Ob es nur der unweit entfernte Golfplatz (einer der schönsten Cornwalls!) war, der Margaret Thatcher in ihrer Regierungszeit regelmäßig hierher verführt hat?

231

Die vielen Gesichter der Bedruthan Steps.

Padstow

**AUSTERN VOM HELFORD RIVER, RÄUCHER-
LACHSSALAT MIT ROTKRAUT, APFEL UND MEER-
RETTICH, KORNISCHE KRABBE MIT WASABI
MAYONNAISE ODER JAKOBSMUSCHELN MIT
SERRANO-SCHINKEN. DIE NEUE, KORNISCHE
KÜCHE KENNT VIELE RAFFINESSEN. UND ALLE
DAVON KOMMEN IN PADSTOW AUF DEN TELLER.**

Die Entwicklung vom einst armen, von Zinn- und Kupferminen durchzogenen Cornwall zum jetzigen Mekka für Feinschmecker und Genießer ist eine lange. In den letzten Jahrzehnten allerdings hat vor allem ein Mann an vorderster Front für Cornwall gekämpft: Der TV-Koch Rick Stein, der ursprünglich aus Padstow stammte, sich allerdings erst seine Sporen in der großen weiten Welt verdienen musste. Rick ist mittlerweile Schirmherr von nicht weniger als vier Restaurants (alleine in Padstow!) und hat einiges für die Region sowie ihr Image getan. Er selbst kommt allerdings nur stichprobenartig in das kleine Fischerdorf – was vor allem unter den Einheimischen auf Unmut stößt. Denn wie kann jemand, der quasi nie da ist, der Schirmherr von Padstow sein? Egal, wie divers die Stimmung bei den Kornen gegenüber dem Starkoch ist, der

Verfechter lokaler Erzeugnisse ist wesentlich für den Aufschwung und das Überleben kornischer Restaurants verantwortlich.

EIN DORF GEHT ÜBER

Wenn sich der große Zeiger der Uhr gegen Sieben neigt, kommen sie an, die in Parfum getränkten Feinschmecker. Denn dann öffnen die guten und oftmals auch sehr teuren Restaurants ihre Pforten. Dann bilden die Mini-Cottages des Fischerdorfes den Leitfaden, wie man vom Carpark am schnellsten über die schmalen, kopfsteingepflasterten Straßen den Weg zum Wasser und vor allem zum Essen findet. Zwischen Mai und September grenzt diese Besucherflut allerdings an eine Sprengung – was einen ruhigen Abend quasi unmöglich macht.

Da die Sessel in den guten Restaurants immer wieder rar werden, ist das Reservieren Pflicht. Das beliebte „Margot's Bistro", das sich so ziemlich jede Gourmetauszeichnung auf die Tür kleben kann, informiert die Stammgäste zum Beispiel über Twitter, wenn zufällig einmal ein Platz frei werden sollte. Und der ist dann in Sekundenschnelle wieder neu vergeben. In manchen Restaurants, wie „Rick Stein's Seafood Restaurant" zum Beispiel, muss man sogar Wochen im Vorhinein anrufen, ob überhaupt noch ein Platz frei ist.

GUTES ESSEN IN PADSTOW:

MARGOT'S BISTRO
11 DUKE STREET, PADSTOW,
TEL. 01841 533441,
WWW.MARGOTSBISTRO.CO.UK

THE BASEMENT, 11 BROAD ST,
THE DRANG, PADSTOW,
TEL. 01841 532846,
WWW.THEBASEMENT.CO.UK

PAUL AINSWORTH AT NO. 6,
6 MIDDLE STREET, PADSTOW
TEL. 01841 532093,
WWW.NUMBER6INPADSTOW.CO.UK

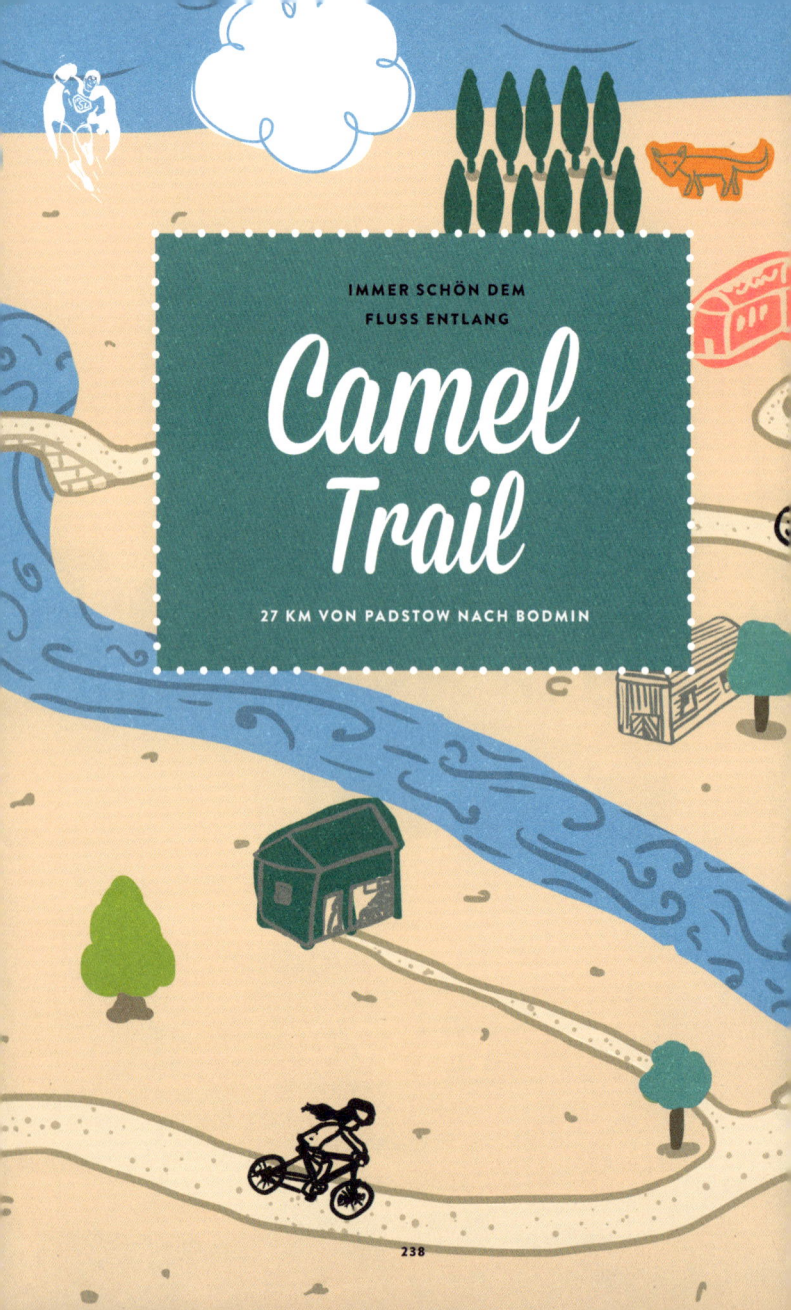

Camel Trail

27 KM VON PADSTOW NACH BODMIN

Hier bleibt keine Radlkette trocken, denn am Camel Trail herrscht buntes Treiben.

Wie so oft in Cornwall hat man es geschafft, etwas Altes so umzu-funktionieren, dass es einen schönen neuen Nutzen für diese Sache gibt. In diesem Fall wurde eine alte Eisen-bahnstrecke entlang des Flusses Camel herge-nommen, um zu einem beliebten Radweg von Padstow nach Bodmin zu werden.

Einen Räderverleih findet man leicht entlang der Strecke. Man teilt sich den Trail aber auch mit jenen, die sich keinen fahrbaren Untersatz genehmigt haben, sondern zu Fuß oder zu Pferd daherkommen. Daher gibt es zu Stoßzeiten ein paar Spielregeln zu beachten. Vor allem diese: Auch hier gilt der Linksverkehr!

Man sollte ungefähr 2 - 3 Stunden am Fahrradsattel einplanen (für eine Richtung), keine schweißtreibenden Höhenunterschiede erwarten und sich ein bisschen nach dem Wetter-bericht richten, um nicht komplett vom englischen Regen begossen zu werden (wir sprechen aus Erfahrung).

SCHLECHT FÜRS GELDBÖRSERL

Wadebridge

HIER REIHEN SICH BELIEBTE,
KLEINE GESCHÄFTE ANEINANDER.
EIN GEFÄHRLICHER ORT…

Die Fußgängerzone ist es. Ein Ort, den es zu meiden gilt, wenn man kein Geld ausgeben möchte. Auch ganz schlimm: Die kleinen Geschäfte mit Kunsthandwerk und lokalen Produkten. Fernhalten! Und ja nicht am Donnerstag nach Wadebridge kommen, da ist Bauernmarkt.

Wer bewusst zum Konsumieren hierherkommt, dem sei gesagt: Der bekannte kornische Surf-Shop „Ann's Cottage" hat zum Beispiel einen Ableger in Wadebridge. „Country Wise" in der Eddystone Road ist der Ausstatter für Regentage. Und die vielen unterschiedlichen Geschäfte haben sicher für jeden Geschmack und jedes Geldbörserl was parat.

Hat nur nebenbei was mit Einkaufen zu tun, aber die ROYAL CORNWALL SHOW im Juni sollte man sich nicht entgehen lassen. Ein landwirtschaftlicher GROSSEVENT mit Wettbewerben, viel Unterhaltung und Unmengen an lokalen Produkten.

WWW.ROYALCORNWALLSHOW.ORG

Relish Deli

HUGO MACHT DEN BESTEN KAFFEE VON
CORNWALL – ODER BESSER GESAGT: VON GANZ
ENGLAND. UND DAFÜR HAT ER SOGAR EINEN
BEWEIS: ER IST SEINES ZEICHENS UK KAFFEE +
BARISTA CHAMPION 2008. DESWEGEN WUNDERT
ES KEINEN, WARUM MORGENS IN WADEBRIDGE
ALLE BEI IHM SCHLANGE STEHEN, UM
DEN ERSTEN, BESTEN (NICHT ZU VERWECHSELN
MIT ERSTBESTEN!) KAFFEE DES TAGES
ZU BEKOMMEN.

HUGO – WAS IST DENN DAS FÜR EIN NAME?

Tja – wir hätten ja auf alles getippt, aber dass der Besitzer des „Relish" zur Hälfte österreichischer Herkunft ist, hätten wir nicht erraten. Das erklärt vielleicht seinen Sinn für guten Kaffee, hervorragende Produkte und gute Küche. (Ähem!) Im Ernst: Der Kaffee im „Relish" ist himmlisch und laut Hugo sicherlich der Faktor, der am meisten Gäste anlockt. Doch das „Relish" ist nicht nur Café, sondern auch Deli und bietet somit noch so vieles mehr. Die Feinkostabteilung spielt alle Stückl'n von Käse über Wurst bis zu Salz – das meiste davon ist kornischen Ursprungs. Natürlich kann man sich eine Platte zusammenstellen lassen und diese im freundlichen Innenhof genießen. „Das Deli liegt nicht genau auf der Einkaufsstraße, sondern ein bisschen versteckt und abseits, genauso wie es sich für ein gutes Lokal gehört", sagt Hugo. Er selbst ist natürlich Genießer. Wenn er auf (seltenen) Urlaub fährt, dann zieht es ihn nach Bath, „denn dort gibt es wirklich gute Restaurants", erklärt der Feinspitz.

CORNWALL IST NICHT ENGLAND

Warum er nach vielen internationalen Stationen dann doch wieder nach England zurückkehrte, um ein Deli zu eröffnen, das ihn quasi 24/7 beschäftigt, erklärt Hugo mit einem abgeklärten: „Ich wollte nie wieder nach England. Allerdings ist Cornwall der Teil des Landes,

der am wenigsten so ist wie England. Alles klar?". Und als er dann frischgebackener Korne war, hatte er auch noch Zeit, seinen Leidenschaften, dem Kite- und Windsurfing nachzugehen. Heute konzentriert sich der Barista Champion hauptsächlich auf das Wohl seiner Gäste (und seiner Familie!). „Kaum eine Woche im Jahr vergeht, in der nicht irgendwer im Innenhof sitzt. Winter natürlich eingeschlossen", sagt er stolz. Missen möchten die Menschen aus Wadebridge und Umgebung ihr „Relish" auf keinen Fall mehr – egal ob auf einen Kaffee, auf einen Wurst- und Käseeinkauf oder auf eine herrliche Suppe oder ein Mittagsmenü.

FOUNDRY COURT, WADEBRIDGE, PL27 7QN, TEL. 01208 814214 WWW.RELISHWADEBRIDGE.CO.UK HUGOS LIEBLINGSPLÄTZE FÜRS WIND- UND KITESURFEN: DAYMER BAY (BEI PADSTOW), GWITHIAN UND WATERGATE BAY

Classic Olives
Marinated in
garlic, chilli & black
100g
€2.00

Relish
food & drink

Cafe & delicatessen

Say
cheese!

Relish
food & drink

Rindfleisch-Bier-Stew

FÜR 4 PERSONEN

mmmh!

Hugo vom Relish liebt diesen genialen Eintopf zur Winterszeit.

- 600G RINDER-SCHMORFLEISCH
  (IN WÜRFEL GESCHNITTEN)
- EIN PAAR GROSSE ZWIEBELN
  (GEHACKT)
- 1 FLASCHE BIER
  (Z.B. MÄRZEN ODER BITTER, GUIN-
  NESS NUR WENN ES SEIN MUSS)

- MEHL
- TOMATENMARK
- ZUCKER
- SALZ UND PFEFFER
- NEBEN DEN ZUTATEN
  BRAUCHT MAN EINE KASSEROLLE
  MIT DECKEL.

.... 1 ....

Die Fleischstückchen in gesalzenem Mehl wälzen. Immer eine Handvoll Fleisch in der Kasserolle bei hoher Temperatur anbraten bis es braun geworden ist, dann zur Seite stellen. Es ist wichtig, dass das Fleisch wirklich gut braun gebraten ist, das gibt dem Ganzen den Geschmack!

.... 2 ....

Wenn alle Fleischstücke gebraten sind, die Hitze runterdrehen und in derselben Pfanne die Zwiebeln anrösten bis sie leicht bräunlich angebraten sind.

.... 3 ....

Das Fleisch kommt nun wieder in die Kasserolle, das Bier, ein Esslöffel Tomatenmark, einen Teelöffel Zucker, eine gute Prise Salz und großzügig schwarzen Pfeffer dazugeben.

.... 4 ....

Gut durchmischen, den Deckel drauf und im vorgeheizten Ofen bei 170°C ungefähr eine Stunde schmoren lassen.

.... 5 ....

Nach dieser Zeit aus dem Ofen nehmen, noch einmal gut durchrühren, abgesetztes Fett etwas abschöpfen und noch einmal für 20 - 40 Minuten in den Ofen geben. Also solange bis das Rindfleisch schön zart geworden ist.

Im Relish wird das Stew mit knusprigem Brot serviert. Hugo genießt ihn privat mit „Champ" (Kartoffelpüree mit geschnittenen Frühlingszwiebeln und viel Butter).

South West Coast Path

Es gibt 15 National Trails in England und Schottland (Gesamtlänge ungefähr 4.000 Kilometer). Der South West Coast Path ist einer davon. Siehe www.nationaltrail.co.uk.

DER SOUTH WEST COAST PATH SCHLÄNGELT SICH 630 MEILEN, ALSO UNGEFÄHR 1.014 KILOMETER, ENTLANG DER ENGLISCHEN KÜSTE.

ECHT HILFREICH! DER

WALK FINDER AUF

WWW.SOUTHWESTCOASTPATH.COM FINDET WEGE AUFGRUND UNTER-SCHIEDLICHER SUCHKRITERIEN WIE LOCATION, SCHWIERIGKEITSGRAD, LÄNGE ODER THEMA (CAFÉS, KULTUR ODER HUNDE-FREUNDLICHKEIT ZUM BEISPIEL).

Die Eichel dient als Markierung für die National Trails. An dieses Symbol solltest du dich also gleich mal gewöhnen, um auf der grünen Insel nicht verloren zu gehen.

FÜR DEN GANZEN COAST PATH IN GEMÜTLICHEM/ ERTRÄGLICHEM TEMPO MUSS MAN SICH ZWISCHEN 7 UND 8 WOCHEN ZEIT NEHMEN. ES HEISST, MAN SCHAFFT DEN WALK ABER AUCH IN 4 WOCHEN.

Wer nur einen oder ein paar Tage Zeit hat: Es gibt Pub Walks oder Wildlife Walks, die sich für diesen kurzen Zeitraum anbieten.

Wer sich ein paar Tage mehr in die Wanderschuhe quetschen mag: Tipps für Wanderungen zwischen zwei bis zehn Tagen findet man auf der SWCP-Website. Innerhalb von fünf Tagen geht man zum Beispiel von St. Ives nach Penzance.

Nicht täuschen: Der Coast Path ist kein paradiesisch langer Spaziergang am Strand. Es geht sehr gern auf und ab und über Stiegen, Zäune und immer wieder auch übers Wasser (Infos zu den Fähren findet man auf der Homepage).

Wer sich das Leben nicht unnötig schwer machen will, dem kommt der **SHUTTLE SERVICE** für das Gepäck sicher entgegen. Auf der ganzen Strecke verfügbar, siehe www.luggagetransfers.co.uk. Dort kann man sich auch Tipps für Unterkünfte entlang der Strecke holen.

WAS NIMMT MAN MIT? EINE KARTE UND EINES DER VIELEN VERFÜGBAREN BÜCHER ÜBER DEN COAST PATH: REGENFESTE KLEIDUNG UND SCHUHE. HANDTUCH. BADESACHEN & SONNENSCHUTZ.

WWW.NATIONALTRAIL.CO.UK

WWW.SOUTHWESTCOASTPATH.COM (AUF ENGLISCH)

Bodmin Moor

STEINKREISE UND VIELE MYTHEN.
WILDE PFERDE, WEITE EBENEN UND WENIG BÄUME:
BODMIN MOOR IST ANDERS.

Der höchste „Berg" Cornwalls heißt „Brown Willy" und steht im Bodmin Moor. An guten Tagen misst er 420 m. Ganz ehrlich: Einfach ist es nicht, zu bestimmen, welche der Erhebungen im Moor dann wirklich der braune Willy ist. Aber ist ja eigentlich auch nicht so wichtig.

Touristen suchen Tag für Tag die Gegend rund um das „Jamaica Inn" heim. Einerseits wegen Daphne du Mauriers gleichnamigem Roman, andererseits um ein bisschen von der alten Schmuggleratmosphäre und dem Spuk rund um das Inn mitzubekommen.

Wichtig ist, Bodmin Moor wird als „Area of Outstanding Beauty" eingestuft, also als außerordentlich schön angesehen. Das heißt, wenn man die von Touristenturnschuhen ausgelatschten Pfade ein wenig verlässt, warten 208 Quadratkilometer kaum verschandelte Natur mit Ottern, Ponies, kleinen Seen und dem „Beast of Bodmin Moor" ...Letzteres wird aber ohnehin eher selten gesehen ...

KLETTERSCHUHE DABEI? DANN GIBT ES IM MOOR EIN PAAR ROUTEN/ BOULDER ZU FINDEN ...

Pause vom Moor: Dafür eignet sich das St. Moritz Hotel bestens. www.stmoritzhotel.co.uk

Cornish Heritage Safaris

SUSAN HOCKEY WEISS BESCHEID ÜBER GEHEIMNISSE, MYTHEN UND DIE GESCHICHTE DES NORDENS.

Liebe Susan,

nochmals Dankeschön, dass du uns in deinem Landrover durch das paranormale LaLa-Land geführt hast. Den Ausdruck „LaLa-Land" werden wir in Zukunft übrigens immer benutzen, wenn wir über die mystische, geschichtsträchtige und vielleicht manchmal abergläubische Gegend rund um Tintagel reden - der Ausdruck hat uns echt gefallen. Als wir zum Beispiel bei diesem Sturm in der alten St. Materiana's Kirche waren und alles geknirscht und gezischt hat – das war echt einmalig – und deine Geschichten über alte Religionen und König Artus dazu... Ach ja: Über König Artus' und Merlins Tintagel und die vielen Sagen und Legenden kann man ja allerhand lesen... aber die Infos live vor Ort und mit diversen Side-Stories und Verknüpfungen zu bekommen, war schon noch einmal etwas Anderes!

TEL. 07793 743337
CORNISHHERITAGESAFARIS.CO.UK

Das 600 Jahre alte Post Office in Tintagel selbst hat es uns auch angetan. Besonders die Geschichten von den Gespenstern und dem Spuk zu Halloween. Und du und deine gute Freundin, die dort für den „National Trust" arbeitet, seid ein Schrei. So viel britischen Humor auf einmal kriegt man ja höchstens bei „Monty Python"! Der magische St. Nectan's Wasserfall zählt für uns zu den Orten, an die man nicht von alleine kommt. Von alleine weiß man auch nicht, dass es die „Cornish Heritage Safaris" gibt. Aber wir werden es weitererzählen. Und beim nächsten Besuch kannst du uns schon fix für die Bodmin Moor Tour einplanen!

Liebe Grüße aus Österreich,

Vera & Katharina

PS: Danke für die Weisheit: „Das Wetter im Norden ist nicht ‚schlecht', sondern dramatisch und besser fürs Surfen".

Boscastle

WO DIE HEXEN WOHNEN

Nirgendwo auf der Welt gibt's so viel Hexen-zeug wie in Boscastle (nicht zu verwechseln mit dem süddeutschen: „Postkastl"), denn bereits seit 50 Jahren wird hier alles Be- und Verzaubernde zusammengetragen und im „Museum of Witchcraft" (ist mitten im Mini-dorf – kann man kaum verfehlen!) ausgestellt. Wenn man sich in die Thematik vertieft, kriegt man dann schon ein bisschen Angst, und zwar nicht nur vor den Hexen und Magiern, sondern hauptsächlich vor den „normalen" Menschen, die Erstere gejagt und verurteilt haben.

DAS WITCHCRAFT MUSEUM

Das verschrobene Museum ist zwar die Hauptattraktion des Ortes, was aber nicht heißt, dass es sich nicht auch abseits der Aus-stellung lohnt, hierher zu kommen. Der Parkplatz wird vom „National Trust" betrie-ben, was schon darauf schließen lässt, dass man in Boscastle auf Naturbesonderheiten treffen wird. Da wären unter anderem der natürliche Hafen, der oft sturmumtost ist, oder auch die steinernen alten Cottages am Wasser. Wer will, kann auch von Tintagel über den "South West Coast Path" nach Boscastle wandern. Das Dorf wurde übrigens im Jahr 2004 durch einen tsunamiartigen Sturm stark angeknackst – im Museum sieht man noch heute die Markierungen, die zei-gen, wie hoch selbst in den Häusern das Wasser stand. Es hat sich aber seitdem glücklicherweise sehr gut erholt.

LIFE'S A BEACH

Bude

**WO DER INS POLO GEHÜLLTE GOLFER
AUF DEN STÄHLERNEN SURFER TRIFFT,
DORT MUSS WOHL BUDE SEIN.**

Der Ort vereint noble, englische Strand-kultur samt Meerwasserpool und straighte Surfkultur mit stetem Salz im Haar. In Bude bläst einem der Wind mit Freude ins Gesicht – und das ist auch gut so, denn sonst wäre der Charakter der Stadt ein anderer. Denn dieses windige Wesen bringt viele Swell-Suchende in die „erste kornische Station" auf dem Weg in den Südwesten. Direkt vor den Toren von Devon, bei aufgebrachtem Meer und über hundert Meter hohen Klippen, fühlen sich Surfer sowohl in ihren Neopren-anzügen als auch beim Futtern im „Life's a Beach" pudelwohl. Zwar teilt der Golfplatz (mit Meerblick) die Stadt in zwei Hälften, dies stört allerdings niemanden. Vor allem nicht die Kinder, denn die verbringen schon im Volksschulalter viele Stunden am Strand, um sowohl das Surfen als auch die wichtig-sten Regeln für Lifeguards zu lernen – denn nichts ist so angesagt, wie sich die Zeit im rot-gelben Lifeguardpulli am Strand zu ver-treiben. Wem zwar vor hohen Wellen, aber nicht vor kaltem Wasser graut, der schmeißt sich in die Fluten des Gezeitenswimming-pools mitten in Bude. Dieses regelmäßig umspülte Becken ist auch ein sicherer Ort, um mit Kindern baden zu gehen.

FANTASTISCHE ALTERNATIVEN IN STRANDFORM SIND:

DUCKPOOL, NORTHCOTT MOUTH SOWIE CROOKLETS (GUTER SWELL INKLUDIERT) UND SUMMERLEAZE. DORT BEFINDET SICH DANN AUCH DIREKT „LIFE'S A BEACH" – DAS TAGSÜBER ALS SCHLICHTES BISTRO SANDWICHES, BURGER UND ANDERE SNACKS AUFTISCHT, SICH ABENDS ABER ZUM FREUND DES GEPFLEGTEN DINNERS VERWANDELT.

TEL. 01288 355222
WWW.LIFESABEACH.INFO

SUPER ESSEN
AUS KLEINER KÜCHE

Martin Dorey

DER CAMPERVAN COOK

ER IST AUTOR UND BBC2-
MODERATOR. UND ER HAT UNS
IN SEINEN VW-BUS EINGELADEN.
MARTIN KANN GUT SCHREIBEN.
ER KANN GUT SURFEN. ER IST
GELERNTER BARISTA UND RET-
TUNGSSCHWIMMER. UND ER KANN
GUT KOCHEN. DAS BESONDERE
DABEI: DAS MACHT ER IN
BESAGTEM VW-BUS.

Martin lebt mit seiner Familie in Nord-Cornwall, weil das Rauschen der Wellen einfach so verführerisch ist. Surfer halt. Er hat auch einen Faible für diesen besonderen Lebensstil, bei dem Draußen-Sein, gutes Essen und ein bisschen Abenteuer wichtig sind. Als Liebhaber qualitativ hochwertiger Speisen konnte Martin nichts anfangen mit dem Einsermenü des campierenden britischen Volks: „Baked Beans" aus der Dose auf halbwarmem Toastbrot. Nein, danke. Er macht sich lieber auf die Suche nach Essbarem aus der freien Wildbahn. An Stränden mit sauberem Meerwasser findet man zum Beispiel perfekte Miesmuscheln. Aber man muss halt wissen, wie und was. Werbung ist ja schlecht. Wir möchten trotzdem an dieser Stelle Martins Kochbücher

„THE CAMPER VAN COOKBOOK" & „THE CAMPER VAN COAST"

vorgestellt wissen. Nach dem Treffen sehen wir sie als Inspirationsquellen und Anleitung für gesundes, modernes und qualitativ hochwertiges Essen im (Camping-)Bus und auch sonstwo.

WWW.MARTINDOREY.COM

Sandymouth Beach

Cornwall

ES GIBT MEHRERE MÖGLICHKEITEN,
UM AN DEN SÜDWESTLICHSTEN ZIPFEL
ENGLANDS ZU GELANGEN. BEI DEN
MEISTEN WIRD DAS ZWISCHENSTOPPEN
NICHT AUSBLEIBEN.

Cornwalls Flughafen ist in Newquay zuhause. Im Sommer gibt es Direktflüge von und nach Düsseldorf (Lufthansa). London wird von hier aus regelmäßig angeflogen – Flugdauer ungefähr eine Stunde. Neben Newquay bieten sich auch Bristol, Plymouth oder Exeter als Zielflughäfen an.

Von London aus erreicht man mit dem Zug gleich 36 Orte der beliebten Grafschaft. So liegen zum Beispiel Bodmin, Falmouth, Liskeard, Looe, Newquay, Penzance, St. Austell, St. Ives oder Truro am flotten Eisenbahnnetz. Reisezeit: Abhängig vom Ausstiegsbahnhof vier bis sechs Stunden.

Mehrere Fähren setzen auf die grüne Insel England über – so zum Beispiel von Spanien, Frankreich (Calais), Belgien, den Niederlanden, Norwegen oder Irland.

Man kann Cornwall auch mit dem Bus von verschiedenen Destinationen in Großbritannien/Europa anfahren. Da wir das selbst nicht ausprobiert haben, möchten wir hier auf www.travelinesw.com verweisen und warten gerne auf euer Feedback, solltet ihr das mal ausprobieren.

Mietautos sind in England eine der günstigsten Reisevarianten. Für die Fahrt von London vier bis fünf Stunden einplanen.

Will man ohnehin nur an einem Ort der Grafschaft verweilen, dann kann man getrost mit einem öffentlichen Verkehrsmittel anreisen und verzichtet dabei komplett aufs Auto.

Hat man geplant, an mehreren Orten Halt zu machen, ist fürwahr das Auto die einfachste und bequemste Variante. (Es gibt in Cornwall selbst mehrere Stationen, an denen man Autos mieten kann (zum Beispiel in Penzance). Alle Achtung: Linksverkehr! Aber keine Panik, an den gewöhnt man sich.

Man kommt auch mit Bus und Zug herum, dazu bitte bei den jeweiligen Anbietern (First-Group und Western Greyhound) und bei den Tourist-Offices nach den aktuellen Fahrplänen fragen.

Im Land der Campingwütigen kann man sich an verschiedensten Stellen das traute Heim auf Rädern ausleihen – alte VW-Busse sind hier besonders beliebt. „Campervan Hire Cornwall" sind die notwendigen Stichworte für die Internetrecherche.

TIPP: UNTERSCHIEDLICHE REISEMÖGLICHKEITEN INNERHALB GROSSBRITANNIENS KANN MAN LEICHT HIER NACHSEHEN WWW.TRANSPORTDIRECT.INFO

Buchtipps

LONELY PLANET REISEFÜHRER CORNWALL, DEVON & SÜDWEST-ENGLAND	Oliver Berry, Belinda Dixon	Lonely Planet Deutschland
EINE PERFEKTE WOCHE IN CORNWALL	Sabine Danek	Süddeutsche Zeitung / Bibliothek
ST IVES UND TRIPS IN DIE UMGEBUNG	Julia Kaufhold	Goldfinch Verlag
PENZANCE UND WEST-CORNWALL	Nicola Clark & Julia Kaufhold	Goldfinch Verlag
SLOW CORNWALL: LOCAL, CHARACTERFUL GUIDES TO BRITAIN'S SPECIAL PLACES	Kirsty Fergusson	Bradt Travel Guides Ltd.
TIME OUT DEVON & CORNWALL	–	Time Out Guides
THE LITTLE BOOK OF CORNWALL	Emma Mansfield	Lovely Little Books
SECRET BEACHES: SOUTHWEST	Rob Smith	One More Grain of Sand

Links

VISITCORNWALL.COM
CORNISH-MINING.ORG.UK
SOUTHWESTCOASTPATH.COM
NATIONALTRAIL.CO.UK
FINISTERREUK.COM
SAS.ORG.UK
NEWQUAYCORNWALLAIRPORT.COM
SECRETBEACHES.CO.UK
LOWPRESSURE.CO.UK
HOSTELBOOKERS.COM

Blogs

PASTIESANDCREAM.COM
BLOG.THROUGH-THE-GAPS.CO.UK
MARTINDOREY.COM
URLAUBCORNWALL.DE/BLOG
FOREVERCORNWALL.CO.UK/BLOG

COUNTRY	Jasper Conran	Conran
THE CAMPER VAN COAST: COOKING, EATING, LIVING THE LIFE	Martin Dorey & Sarah Randell	Hodder & Stroughton
THE CAMPER VAN COOK-BOOK: LIFE ON 4 WHEELS, COOKING ON 2 RINGS	Martin Dorey & Sarah Randell	Hodder & Stroughton
THE WORLD STORMRIDER GUIDE (VOLUME ONE)	Antony Colas & Bruce Sutherland	Low Pressure Publishing
THE STORMRIDER SURF GUIDE EUROPE	Bruce Sutherland	Low Pressure Publishing
REBECCA	Daphne du Maurier	Virago Press

Egal, wo sie uns hingeschickt
haben, wir sind dort aufmarschiert.
Hier in fremden Gummistiefeln
durch das Wasser hin zum magischen
„St. Nectan's" Waterfall.

Concentration begins now!
Lenkrad auf der falschen
Seite, links fahren und das
Navi spinnt. Na super!

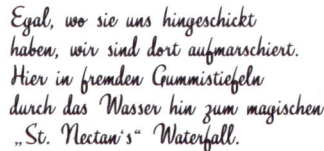

Ohne Rücksicht auf Verlust wird
mitgeschriftelt, wenn Susan von den
„Tintagel Heritage Safaris" bei
Sturm und Regen von King
Arthur erzählt.

Und weg mit dem
schweren Trumm
Fotokamera. Der
beliebte und begehrte
Fotorucksack in
Vollansicht.

Ein bisschen kuscheln geht immer. Hier mit dem charmanten Tourguide vor der „Geevor Tin Mine".

Katharina in Foto-Action. Mehrere Augenzeugen berichten, sie so von 2010 bis 2012 an verschiedenen Schauplätzen Cornwalls gesichtet zu haben.

Näher am Yarg und hygienischer geht's nicht. Vera verkleidet als Käseexpertin bei „Lynher Dairies".

Ja, zugegeben war auch ab und zu einmal (Kaffee-)Pause angesagt. Hier auf der Terrasse des „Mounthaven" in Marazion.

Katharina fällt das Verkosten der Leckereien vom „Westcroft Guesthouse" sichtlich schwer. Der gute Morgen.

Ein kleiner Traktor hat sich in Cadgwith verirrt. Wer hilft ihm wieder aus diesem Schlam(m)assel raus?

Hallo, ich bin ein Wildpferd!

So sieht man aus, wenn man auf einem Ausflug auf dem „Camel Trail" bis auf die Knochen nass wird. Und zwar NICHT, weil man in den Fluss gefallen ist.

Nichtaufschlussreiche Mienen vorm Minengang in Geevor.

Wenn draußen nicht die Sonne scheint, holt man sich die Sommer- stimmung einfach aufs Klo.

Das wohl lustigste Gefährt auf diesem Erdboden. Besonders gefährlich auf Cornwalls Straßen.

Ein bisschen Sauberkeit muss sein.
Selbst wenn man vor fremden
Cottages kehrt, so wie die fleißige Vera.

Bob, the bearded dog.

Wie der Danzer sagen täte:
„Hupf in Gatsch und schlog a Wölln".
(Für Nicht-Ösis: Springe in den Dreck
und produziere eine Welle). Alles klar?

Die Damen von der „Peppercorn
Kitchen" sind eine Gaudi!

Als wir einmal nach dem Weg
fragen wollten, trafen wir auf diese
finsteren Zeitgenossen.

271

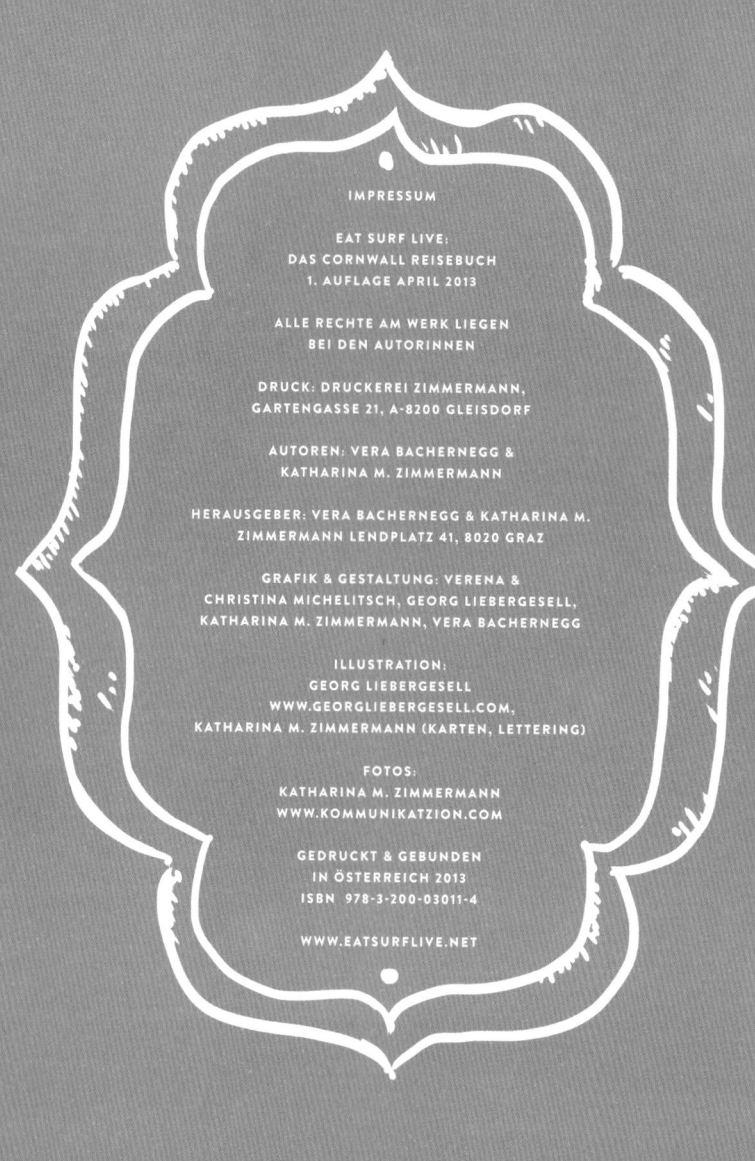

IMPRESSUM

EAT SURF LIVE:
DAS CORNWALL REISEBUCH
1. AUFLAGE APRIL 2013

ALLE RECHTE AM WERK LIEGEN
BEI DEN AUTORINNEN

DRUCK: DRUCKEREI ZIMMERMANN,
GARTENGASSE 21, A-8200 GLEISDORF

AUTOREN: VERA BACHERNEGG &
KATHARINA M. ZIMMERMANN

HERAUSGEBER: VERA BACHERNEGG & KATHARINA M.
ZIMMERMANN LENDPLATZ 41, 8020 GRAZ

GRAFIK & GESTALTUNG: VERENA &
CHRISTINA MICHELITSCH, GEORG LIEBERGESELL,
KATHARINA M. ZIMMERMANN, VERA BACHERNEGG

ILLUSTRATION:
GEORG LIEBERGESELL
WWW.GEORGLIEBERGESELL.COM,
KATHARINA M. ZIMMERMANN (KARTEN, LETTERING)

FOTOS:
KATHARINA M. ZIMMERMANN
WWW.KOMMUNIKATZION.COM

GEDRUCKT & GEBUNDEN
IN ÖSTERREICH 2013
ISBN 978-3-200-03011-4

WWW.EATSURFLIVE.NET

EUCH ALLEN GEBÜHRT UNSER DANK

A

Anna-Maria Aichner
Ulrich Andres

B

Franz, Burgi & Lukas Bachernegg
Familien Karl & Ingrid,
Erich & Maria,
Werner & Sigrid Bachernegg
Maria (Oma) Bachernegg
Jonathan & Marianne
Bassett (Boskerris Hotel)
Michy Begsteiger
Magdalena Berger
Klaus Bongartz
Renate Buchgraber

C

Fahrschule Clever

D

Jeannette Darm
Judith Degischer
Heri & Rosi Dobaj
Evelyn Doppelhofer
Franz Dumfart
Jan Düsterhus

E

Mario Ender
Farsad Eskandary

F

Eva Fischer
Familie Fölzer
Claudia Friedl
Petra Friesacher
Johannes Frühmann
Tobias Fuchsgruber

G

Magdalena Gabler
Robbin Gajda
Brigitte & Gerwald Gindra-Vady
Johanna Gradwohl
Angi Gürtl

H

Werner Hader
Sonja Hanauer
Familie Josef & Maria Haring
Hugo Hercod (Relish)
Judith Hermetter
Eva Hierzer
Angela Hirmann
Andrea Hirschmann-Malle
Bernd Hirschmann
Stephanie Hödl
Christian Hustert

J

Andreas Jaritz
Verena Jauk

K

Magdalena Kaiser

Alexander Kallischnig

Nicole Kals

Anna Kanape

Familie Johann & Waltraud Kießner

Elisabeth Klammer

Georg Klamminger

Stefan Klingen

Markus Köck

Marina Koestl

Uli Koller

Familie Franz & Gabriele König

Gabi Konradt

Hartwin Kostron

Familie Josef & Gabriele Kraber

Theresa Kraschitz

Andrea & Matthias Kraxner

Christian Kröninger

Nadja Kupsa

L

Vera Lacen

Heli Lackner

Werner Lasser

Robert Lecker

Jenna Leiter

Michael & Vera Leitgeb

Jürgen Leitner

Familie Bruno & Christine Lessmann

Tanja Linhart

Hannes Loipold

M

Familie Karl & Doris Maier

Claudia Mandl

Lilli Matzer

Cornelia Meister

Matthias Mentasti

Karl Mörath

Katrin Müller

Cati Musger

N

Kristina Nesper

Familie Rudolf & Anna Nestl

Katharina Nickel

O

Mario Ober

Jonas Oesterle

Christiane Opl

Oliver Ortis

Joachim Otter

P

Marie Paar

Stephanie Paepke

Renate Pein

Iris Perstaller

Bernd Pfandl

Kirsten Poeltl

Christian Prack

Viola Prüller

Johann F. Puntigam

Q

Alexandra von Quadt

R

Jakob Radimsky

Elfi Raich

Theresa Reichart

Martin Reicht

Familie Johann
& Elisabeth Rehn

Birgit Reuille-Rompré

S

Ulrike Schatz

Katarina Schiller

Julia Schindelka

Christoph Schinwald

Melanie Schmiedhofer

Günther Schnecker

Petra Schneeberger

Ines Schöngrundner

Kristin Schwarz

Familie Hubert & Marianne Schwarzbauer

Billie Schweiger

Achim Seidnitzer

Patrick Seiler

Tanja Simon

Sinetry 7pm

Tom Sobey (Origin Coffee)

Larissa Specht

Dietwart Sternberg

Alina Stockinger

Sabine Strätger

T

Wolfgang Trebos

Tregothnan Tea

Lea Tremezaygues

Anna Tropper

Gabriela Turk

U

Stephanie Ungrad

V

Michael Vatter

Anika Vauth

Christine Vukadin

Anna Vukan

W

Margerita Wabl

Bernhard Weber

Christiane Weber

Beatrix Wegener

Familie Sepp & Vroni Weiner

Katie Weselby (Miss Muju)

Nigel Whitaker (Calize Country House)

Christian Wieloch

Julia Wilflingseder

Z

Marie Zieger

Stefanie & Susanne Zimmermann